Jacques Le Goff

Wucherzins und Höllenqualen

Ökonomie und Religion im Mittelalter

Klett-Cotta

Verlagsgemeinschaft Ernst Klett Verlag – J. G. Cotta'sche
Buchhandlung
Aus dem Französischen übersetzt von Matthias Rüb
Die Originalausgabe erschien unter dem Titel
»La bourse et la vie. Économie et religion au Moyen Age« in der
Reihe »Textes du XXe Siècle«,
herausgegeben von Maurice Olender, bei Hachette

Printed in Germany 1988
Umschlag: Klett-Cotta-Design
Gesetzt aus der 10 Punkt Sabon von Setzerei Lihs, Ludwigsburg
Gedruckt auf holzfreiem und säurefreiem Werkdruckpapier
Volumina von Cartiere del Garda
und gebunden von Röck, Weinsberg

CIP-Titelaufnahme der Deutschen Bibliothek
Le Goff, Jacques:
Wucherzins und Höllenqualen : Ökonomie u. Religion im Mittelalter / Jacques Le Goff. [Aus d. Franz. übers. von Matthias Rüb]. – Stuttgart : Klett-Cotta, 1988
Einheitssacht.: La bourse et la vie ⟨dt.⟩
ISBN 3-608-93127-9

Für die freundliche Erlaubnis zum Abdruck der Fotos
danken wir dem Bildarchiv Foto Marburg,
dem Archiv für Geschichte und Kunst, Berlin,
sowie dem Archiv der Kur- und Fremdenverkehrsgesellschaft Goslar.

Inhalt

Robert S. Lopez
zum Gedächtnis

Zwischen Geld und Hölle: Wucher und Wucherer

Wucher: Welches andere Phänomen stellt im Abendland vom 12. bis zum 19. Jahrhundert ein derart explosives Gemisch dar von Ökonomie und Religion, von Geld und Seelenheil? Sinnbild eines langen Mittelalters: Auf dem neuen Menschen lasten noch antike Symbole, die Moderne bahnt sich mühsam ihren Weg durch sakrale Tabus, und die List der Geschichte will es, daß in der Repression, welche die geistliche Macht ausübt, zugleich das Handwerkszeug für weltliche Erfolge zu finden ist.

Die ungeheure Polemik um den Wucher stellt gewissermaßen die »Geburtsstunde des Kapitalismus« dar. Wer dabei an den *pawnbroker*[1] denkt, wie er in englischen Romanen des 19. Jahrhunderts und in Hollywood-Filmen nach der großen Krise von 1929 vorkommt (und der ja nur ein Überbleibsel, eine Larve des Wucherers ist), begibt sich der Möglichkeit, diesen Protagonisten der abendländischen Gesellschaft zu begreifen – einschließlich der sozialen und ideologischen Einsätze, die sich um diesen Nosferatu des Vorkapitalismus ranken, der wie ein dunkler Schatten auf dem Fortschritt der Geldwirtschaft liegt. Er war ein doppelt furchtbarer Vampir der christlichen Gesellschaft, dieser Geldsauger, der häufig mit dem Juden, dem Gottesmörder, Kindsmörder und Hostienschänder gleichgesetzt wurde. In einer Welt, in der das Geld (lateinisch *nummus*) »Gott« ist[2], wo »das Geld Sieger ist, König ist, Herrscher ist (*Nummus vincit, nummus regnat, nummus imperat*[3])«, wo die bürgerliche Sünde der *avaritia*, der »Habsucht«, deren Nachfahr der Wucher eigentlich ist, die feudale Sünde der *superbia*, des »Hochmuts«, als ärgste der sieben Hauptsünden ablöst – da wird der Wucherer als Spezialist der Zinsleihe zugleich notwendig und verabscheut, mächtig und schwach.

Der Wucher ist eines der großen Probleme des 13. Jahrhunderts.

Zu diesem Zeitpunkt befindet sich das Christentum auf dem ruhmvollen Gipfel des gewaltigen Aufschwungs, den es seit dem Jahr 1000 erlebt hat, und ist gleichwohl bereits gefährdet. Der Erfolg und die Ausbreitung der Geldwirtschaft bedrohen die alten christlichen Werte. Ein neues ökonomisches System beginnt sich herauszubilden: der Kapitalismus; seine Entwicklung erfordert neben neuen Techniken – zumindest anfänglich – auch den massiven Gebrauch von Praktiken, die die Kirche seit jeher verdammt hat. Am Wendepunkt von Werten und Mentalitäten tobt ein erbitterter täglicher Kampf, gekennzeichnet von ständig wiederholten Verboten, in dem es um die Legitimation des statthaften Profits und dessen Abgrenzung zum unerlaubten Wucher geht.

Wie konnte eine Religion, die ihrer Tradition gemäß Gott und Geld als Gegensätze betrachtete, Reichtum – und zumal unrecht erworbenen – gutheißen?

Im Buch Jesus Sirach heißt es (31, 5):

> Wer Geld liebhat, der bleibt nicht ohne Sünde; und wer Gewinn sucht, der wird damit zugrunde gehen.

Und das Evangelium stimmt ihm zu: Matthäus, Zöllner und Steuereintreiber, der seinen mit Geld bedeckten Tisch verläßt, um Jesus zu folgen, warnt:

> Niemand kann zwei Herren dienen: Entweder er wird den einen hassen und den andern lieben, oder er wird an dem einen hängen und den anderen verachten. Ihr könnt nicht Gott dienen und dem Mammon. (Matthäus 6, 24)

Mammon symbolisiert in der späten rabbinischen Literatur den unbilligen Reichtum, das Geld. Auch Lukas (16, 13) gab mit denselben Worten Zeugnis.

Mögen Verordnungen, Gesetze, Vorschriften und Dekrete den Wucher auch verdammen, Gott blickt nur auf den Menschen – ganz wie der Historiker, der sich – nach einem Wort von Marc

Bloch – den Menschen zur »Beute« nimmt. Wenden wir uns also den Wucherern zu.

Um ihnen zu begegnen, müssen wir andere Texte als offizielle Dokumente befragen. Die kirchliche und weltliche Rechtsprechung wandte sich vornehmlich dem Wucher zu, die religiöse Praktik hingegen den Wucherern. Wo aber finden wir im 13. Jahrhundert die Spuren dieser Praxis? In zwei Typen von Quellen, die aus alten Gattungen hervorgegangen sind und im Übergang vom 12. zum 13. Jahrhundert eine tiefgreifende Wandlung erfahren haben.

Da sind zum einen die *Summa* oder *Handbücher für Beichtväter*. Während des Hochmittelalters waren die der Art des Sündenvergehens entsprechenden Bußübungen in *Bußbüchern* verzeichnet. Dem Modell heidnischen Rechts folgend, bezogen sie sich auf die Handlungen, nicht auf die Handelnden; die Einteilung der Handelnden war lediglich juridischer Art: Kleriker oder Laie, Freier oder Unfreier.

Aber vom Ende des 11. bis zum Beginn des 13. Jahrhunderts verändert sich die Vorstellung von Sünde und Buße entscheidend, sie wird spiritueller und innerlicher. Fortan bemißt sich die Schwere der Sünde nach der Absicht des Sünders, es bedarf also der Untersuchung, ob diese Absicht gut oder schlecht war. Diese Moral der Absicht wird von sämtlichen wichtigen theologischen Schulen des 12. Jahrhunderts gelehrt: sei es die von Laon, von Saint-Victor de Paris, von Chartres oder von Notre-Dame de Paris; ebenso von allen Theologen von Rang, die im Blick auf viele andere Probleme gleichwohl Widersacher waren: von Abälard und dem heiligen Bernhard, von Gilbert de la Porrée und Petrus Lombardus, von Petrus Cantus und Alain von Lille. Daraus erwächst ein tiefgreifender Wandel in der Beichtpraxis. Die kollektive und öffentliche Beichte, die nur in Ausnahmefällen und bei schwersten Sünden abzulegen war, wird zur Ohrenbeichte, die man von Mund zu Ohr flüstert, sie wird individuell und privat, universell und relativ häufig. Das 4. Laterankonzil (1215) markiert ein entscheidendes Datum. Es macht die Beichte für alle Christen zwingend, das heißt für alle Männer und Frauen, und sie ist mindestens einmal jährlich, an Ostern, abzulegen. Der Büßer soll seine Sünde im Hinblick auf seine familiäre, soziale und berufliche Situation, auf die Umstände und seine Veranlassung erläutern. Der Beichtvater muß diesen individuellen Parametern Rechnung tragen; er muß nach dem *Geständnis* des Sünders und nach dessen *Bußfertigkeit* trachten, weniger nach der »Genugtuung«. Er soll eher eine Person reinwaschen denn eine Schuld vergelten.

So wird den beiden Beichtpartnern eine große Anstrengung abverlangt, mit der die Tradition sie nicht vertraut gemacht hat. Der Büßer muß sich über sein Verhalten und seine Absichten befragen, sich einer Gewissensprüfung unterziehen. Die bahnbrechende Forderung der Selbstbeobachtung tritt in die Welt und wird nach und nach Geistesgewohnheiten und Verhaltensweisen verändern. Dies sind die Anfänge der psychologischen Moderne. Der Beichtvater wird Fragen finden müssen, die ihn in den Stand setzen, den Büßer kennenzulernen und dessen Sündenregister zu sortieren, indem er die schweren, ja Todsünden (wenn der Sünder weder Bußfertigkeit noch Reue zeigt), scheidet von den leichteren und läßlichen, deren Sühne möglich ist. Die im Stande der Todsünde sterbenden Sünder werden ins althergebrachte Reich des Todes gehen und zur Hölle fahren, zum Ort ewiger Qualen; die nur mit läßlichen Sünden Beladenen werden nach einer mehr oder minder langen Zeit der Sühne an einem neu hinzugekommenen Ort, im Fegefeuer, gereinigt und geläutert ins ewige Leben und ins Paradies eingehen – allerspätestens nach dem Jüngsten Gericht.

Welchen Weg aber wird der Wucherer durch diese neue Sündengerichtsbarkeit gehen?

Die Beichtväter sehen sich einer neuen Situation gegenüber, werden mit für sie oft unbekannten Beichten konfrontiert, mit Geständnissen und Fragen, die sie in Verlegenheit bringen; in ihrer Unsicherheit beim Führen des Verhörs und beim Auferlegen der Buße bedürfen sie der Anleitung. Für sie verfassen Theologen und vor allem Kanonisten die »Summen« und Handbücher: gelehrte und detaillierte für gebildete Beichtväter hohen Niveaus, zusammenfassende für die einfachen und unbedarften Priester.

Bei diesen Gewissensprüfungen wird nichts ausgelassen. In

sämtlichen Handbüchern hat der Wucher seinen festen Platz; nicht aber der Wucherer selbst, dessen Einschätzung der personenbezogenen Bewertung durch den Beichtvater anheimgestellt ist.

Hingegen ist der Wucherer der Hauptgegenstand des zweiten Quellentyps: der *Exempla.*

Das *Exemplum* ist eine kurze, als wahre Begebenheit ausgegebene Erzählung, die in eine Rede (gewöhnlich eine Predigt) eingeschoben wird, um das Publikum von einer Heilslektion zu überzeugen. Die Geschichte ist kurzgefaßt, leicht zu behalten und einleuchtend. Die Anwendung rhetorischer und erzählerischer Kunstgriffe macht sie eingängig; sie ist amüsant oder – häufiger – erschreckend und dramatisch. Mit ihr gibt der Redner dem Hörer einen kleinen Talisman an die Hand, einen Schlüssel zum Paradies, der bei rechtem Verständnis und Nutzen zum Heil gereicht.

Von Jakob von Vitry, der wenig vor 1240 starb, übernehmen wir eines der zahlreichen *Exempla:*

> Ein anderer, sehr reicher Wucherer, der mit dem Tode rang, grämte sich sehr, stöhnte und flehte zu seiner Seele, ihn nicht zu verlassen, und er versprach ihr Gold und Silber und die Genüsse dieser Erde, wenn sie doch nur bei ihm bliebe. Aber sie erbat sich nicht einen Kreuzer und nicht das geringste Almosen für die Armen. Da er also sah, daß er seine Seele nicht würde halten können, wurde er wütend und sprach entrüstet zu ihr: »Ich habe dir eine gute Heimstatt mit großem Reichtum geboten, doch du bist dabei so töricht und niederträchtig geworden, daß du in dieser guten Heimstatt nicht länger bleiben willst. So geh' doch! Ich wünsche dich zu allen Teufeln, die in der Hölle sind.« Bald darauf gab er – in den Klauen der Teufel – seinen Geist auf und ward in der Hölle begraben.[4]

Hierbei handelt es sich nur um ein Schema; dieses Strickmuster variiert der einzelne Prediger. Er spielt mit der Stimme und ihren Intonationen, er gestikuliert – doch schon der bloße Erzählstoff ist beeindruckend. Er muß von Millionen Zuhörern vernommen worden sein. Denn im Mittelalter ist die Predigt *das* große Medium, mit dem im Prinzip alle Gläubigen erreicht werden können. Freilich wissen wir – vor allem dank eines *Exemplum* über Ludwig den Heiligen –, daß bisweilen manche Gläubige während der Predigt die Kirche verließen: Sie erlagen der permanenten Versuchung des großen Konkurrenten auf der anderen Straßenseite: der Taverne. Als dies sich einmal im Beisein von Ludwig dem Heiligen zutrug, ließ er empört die verirrten Gemeindeglieder zum Wort Gottes zurückholen.

Zudem erlebt das Predigen im 13. Jahrhundert eine große Renaissance. Die Kirche sieht sich mit Häretikern – es ist die hohe Zeit der Katharer – und mit der Entwicklung einer Welt konfrontiert, die den Christen mehr und mehr weltliche Freuden bietet, und sie entschließt sich, das Wort zu ergreifen. An eine grundlegend sich wandelnde Gesellschaft richtet sie – häufig in ganz neuer Sprache – ihr Wort und nimmt sich des täglichen Lebens an. Neue Orden werden gegründet, die dem steigenden Reichtum den geistlichen Wert der Armut gegenüberstellen: Bettlerorden, deren wichtigste die Franziskaner und Dominikaner sind (letztere bilden den Predigerorden), und die sich ganz der Verkündigung widmen. Nachdem man den Kreuzzug gepredigt hat, predigen nun Redekünstler, die die Massen anziehen, die Erneuerung. Zu ihnen gehört, wiewohl ein Weltgeistlicher, Jakob von Vitry: noch immer Prediger des Kreuzzugs, vor allem aber Verkünder der neuen Gesellschaft. Seine Predigtmuster mit den eingeschobenen *Exempla* werden häufig übernommen und finden über das 13. Jahrhundert hinaus Verbreitung. Sein oben zitiertes *Exemplum*, das als Anekdote vielleicht weit verbreitet war, beschreibt den beklemmendsten Moment im Leben eines Christen, den Todeskampf. Es erzählt von der Dualität des Menschen: von seinem Körper und seiner Seele; vom großen sozialen Gegensatz zwischen arm und reich; von jenen neuen Hauptgestalten der menschlichen Existenz, vom Gold und vom Silber. Und es schließt mit dem jämmerlichen Ende eines Lebens, dem Ruf des Irrsinnigen nach den Dämonen, dem Erscheinen der Teufel mit peinigenden Händen und der Beerdigung des Verdammten auf Erden und im Jenseits. Von der christlichen Erde verwiesen, wird der Leichnam des Wucherers unverzüglich und auf ewig in der Hölle begraben. Jetzt wißt ihr Bescheid, Wucherer, das ist euer Schicksal! Diese Anekdoten, die erzählt, gehört und weitergegeben wurden, sind die wichtigste Auskunftsquelle über den Wucherer des Mittelalters.

Wucher ist Sünde. Warum? Welcher Fluch fällt auf den Geldsäckel, den der Wucherer füllt und hätschelt, von dem er sich so wenig trennen will wie der Geizige von seiner Schatulle und durch das er dem ewigen Tod anheimfällt? Wird er sich von seinem Geld trennen müssen, um sich zu retten, oder wird er, wird man ein Mittel finden, damit er Geld *und* Leben, das ewige Leben, bewahren kann? Das ist der große Kampf des Wucherers zwischen Reichtum und Paradies, zwischen Geld und Hölle.

Teufel und Wucherer. Kathedrale von Chartres, mittleres Seitenportal, vierte und fünfte Archivolte. (Bildarchiv Foto Marburg)

Geld und Wucher

Heute sprechen wir vom Wucher; die Texte und Menschen des Mittelalters gebrauchten bisweilen, im Singular, den Ausdruck *usura.* Doch der Wucher hat viele Gesichter. Meistens begegnet uns der Terminus in Schriftstücken des 13. Jahrhunderts im Plural: *usurae.* Der Wucher ist ein Ungeheuer mit vielen Köpfen, eine Hydra. Jakob von Vitry widmet den dritten Abschnitt seiner Predigt 59 der Erörterung dieser Vielgestaltigkeit des Wuchers: *De multiplici usura.* Auch Thomas von Chobham beschreibt in seiner *Summa*, nachdem er den »Wucher im allgemeinen« definiert hat, die »verschiedenen Fälle« des Wuchers (4. Kapitel: *De variis casibus*) und kommt am Ende, im 9. Kapitel, auf die »weiteren Fälle des Wuchers« zurück. Der Wucher umfaßt eine Vielzahl von Praktiken, was die Grenzziehung zwischen Statthaftem und Unerlaubtem im Zinsgeschäft erschwert. Die Schwierigkeiten der notwendigen Scheidung des Wuchers vom Zins und die grauenvolle Faszination dieser vielgestaltigen Bestie hat im 20. Jahrhundert keiner besser erfaßt als Ezra Pound.

Das Übel heißt Wucher, *Neschek*
die Natter
Neschek, berüchtigter Namen, der Besudler,
jenseits aller Rassen und gegen sie
Besudler
τόκος hic mali medium est
Hier das Kernhaus des Bösen, die sengende Hölle ohne
Ablaß
Der Krebsfraß an allen Dingen, Fafnir der Wurm,
Lustseuche am Staat, an allen Königreichen,
Warze auf dem Gemeinwohl,
Gewebswucherung, die alle Dinge befällt.

> Eine Düsternis, die verdirbt,
> Zwillingsübel der Scheelsucht,
> Schlange mit sieben Köpfen, Hydra, die überall
> eindringt ...[1]

Aber es gibt auch die *usura*, den Wucher an sich, den gemeinsamen Nenner einer Gesamtheit verbotener Geldgeschäfte. Wucher ist die Erhebung von Verleihzinsen in Geschäften, in denen Zins nicht verlangt werden darf, also nicht die Erhebung von Zinsen *schlechthin*. Wucher und Zins sind keine Synonyme, ebensowenig Wucher und Gewinn: um Wucher handelt es sich erst dort, wo keine Sachgüter produziert oder getauscht werden. Thomas von Chobham beginnt seine Abhandlung über den Wucher mit folgenden Betrachtungen:

> Bei allen anderen Verträgen darf ich einen Gewinn *(lucrum)* erhoffen und erhalten, etwa wenn ich dir etwas geben würde, ich eine Gegengabe *(antidotum)*, das heißt eine Erwiderung der Gabe *(contra datum)* erwarten dürfte; und ich darf hoffen, etwas zu *erhalten*, da ich doch zuerst dir gab. Desgleichen dürfte ich eine Bezahlung erwarten, wenn ich dir meine Kleidung oder meine Hauseinrichtung leihweise überließe. Warum verhält es sich nicht ebenso, wenn ich dir mein Geld *(denarios meos)* ausleihen würde?[2]

Das ist der Punkt: In der kirchlichen Doktrin und der Mentalität des Mittelalters legt der Status des *Geldes* den Grund zur Verurteilung des Wuchers. Ich will hier keine im eigentlichen Sinne ökonomische Untersuchung anstellen, die im übrigen der Tatsache Rechnung tragen müßte, daß die Realitäten, die wir heute isolieren und zum Gegenstand der spezifischen Kategorie des Ökonomischen machen, damals ganz anders betrachtet wurden. Der einzige moderne Wirtschaftshistoriker und -theoretiker, der uns behilflich sein kann, die Funktionsweise der »Wirtschaft« in der mittelalterlichen Gesellschaft zu verstehen, scheint mir Karl Polanyi (1886–1964) zu sein.

Wenn man das mittelalterliche Phänomen des Wuchers in einer ökonomischen Perspektive zu analysieren versucht, muß man – um jeden Anachronismus zu vermeiden – zwei Hinweise Polanyis und seiner Mitarbeiter in Betracht ziehen. Der erste, der auf Malinowski zurückgeht, betrifft den Bereich der Gabe und der Gegengabe:

> In der Kategorie der Tauschgeschäfte, denen eine der Gabe ökonomisch gleichwertige Gegengabe zugrunde liegt, begegnen wir einer weiteren verwirrenden Tatsache. Es handelt sich um jene Kategorie, die sich – unseren Begriffen nach – praktisch mit dem Handel decken müßte. Doch dem ist nicht so. Gelegentlich vollzieht sich der Tausch durch das Hin und Her ein und desselben Objekts zwischen den Tauschpartnern, wodurch dem Tauschgeschäft jeder nur denkbare ökonomische Sinn und Zweck genommen wird! Durch die einfache Tatsache, daß das Schwein – wenngleich über Umwege – zu dem zurückkehrt, der es in den Tausch gab, erweist sich der Äquivalententausch, anstatt der ökonomischen Rationalität zu folgen, als Garantie gegen das Eindringen von Nützlichkeitserwägungen. Das einzige Ziel des Tausches ist die Festigung des Beziehungsgeflechts durch die Stärkung reziproker Bindungen.[3]

Freilich ist die Wirtschaftsordnung des Abendlands im 13. Jahrhundert nicht die der Eingeborenen der Trobriand-Inseln zu Beginn des 20. Jahrhunderts[4]; aber wenngleich sie komplexer sein mag, so bestimmt doch der Begriff der *Reziprozität* die Theorie der ökonomischen Tauschhandlungen einer auf christlichen und feudalen »Beziehungsgeflechten« beruhenden Gesellschaft.

Die zweite brauchbare Konzeption Polanyis ist die der *Einbettung* und der *institutionellen Analyse:*

> Wir müssen uns von der tief verwurzelten Vorstellung frei machen, nach der die Ökonomie ein Erfahrungsbereich ist, dessen sich die menschlichen Wesen notwendigerweise

> immer bewußt waren. Metaphorisch ausgedrückt, waren ökonomische Tatbestände ursprünglich in Begebenheiten *eingebettet*, die ihrerseits nicht ökonomischer Natur waren; ebenso verhielt es sich mit den Zwecken und Mitteln, die grundlegend materielle waren. Der Begriff der Ökonomie bildete sich erst im Laufe der Zeit und der Geschichte heraus. Doch haben uns weder die Zeit noch die Geschichte das begriffliche Instrumentarium an die Hand gegeben, dessen es bedarf, um in das Labyrinth der gesellschaftlichen Beziehungen einzudringen, in welche die Ökonomie eingebettet ist. Dies zu erreichen ist die Aufgabe der – wie wir es nennen werden – *institutionellen Analyse*.[5]

Und der kulturellen und psychologischen Analyse, wie ich hinzufügen möchte. Dieser Essai soll die Menschen, die Wucherer, in dem Konglomerat von sozialen Verhältnissen, von Praktiken und Wertvorstellungen darstellen, in die das ökonomische Phänomen des Wuchers eingebettet ist. Anders ausgedrückt: unsere Analyse widmet sich der Globalität des Wuchers, die durch das Verhalten und das Bild des Wucherers hindurch sichtbar wird.

Wenn sich die Menschen des Mittelalters mit einem beliebigen Phänomen konfrontiert sahen, suchten sie dessen Urbild in der Bibel. Die biblische Autorität lieferte zugleich Ursprung, Erklärung und Handlungsanweisung für den betreffenden Fall. Was die Kirche und die mittelalterliche Gesellschaft aber davor bewahrte, durch die biblische Autorität gelähmt und zu historischer Unbeweglichkeit verurteilt zu werden, war die Tatsache, daß sich die Bibel häufig widersprach (*sic et non*, ja und nein), daß »die Autoritäten eine Wachsnase haben«, wie Alain von Lille Ende des 12. Jahrhunderts sagte; diese »Wachsnasen« konnten nach dem Geschmack der Exegeten und Benutzer modelliert werden.

In Sachen Wucher und dessen Verurteilung schien es hingegen bei den Autoritäten kaum Widersprüche und Brüche zu geben. Die Angaben in der Schrift umfassen im wesentlichen fünf Texte, von denen vier zum Alten Testament gehören.

1. Wenn du Geld verleihst an einen aus meinem Volk, an einen Armen neben dir, so sollst du an ihm nicht wie ein Wucherer handeln; du sollst keinerlei Zinsen von ihm nehmen. (Exodus 22, 24)

Dieses für die jüdische Gemeinschaft geltende Verbot übernahmen auch die mittelalterlichen Christen, die den Anspruch erhoben, eine brüderliche Gemeinschaft zu bilden, in der gerade der *Arme* besondere Rechte hatte. Als im 13. Jahrhundert der Wert der Armut eine Renaissance erfuhr, ließ dies den christlichen Wucherer als noch schändlicher erscheinen.

2. Wenn dein Bruder neben dir verarmt und nicht mehr bestehen kann, so sollst du dich seiner annehmen wie eines Fremdlings oder Beisassen, daß er neben dir leben könne; und du sollst nicht Zinsen von ihm nehmen noch Aufschlag, sondern sollst dich vor deinem Gott fürchten, daß dein Bruder neben dir leben könne. Denn du sollst ihm dein Geld nicht auf Zinsen leihen noch Speise geben gegen Aufschlag. (Leviticus 25, 35–37)

Der letzte Satz dieses Textes, der besonders in der lateinischen Version der Vulgata des heiligen Hieronymus im Mittelalter maßgeblich war, lautet in dieser Fassung: »*Pecuniam tuam non dabis ei ad usuram et frugum superabundantiam non exiges.*« Das heißt, Wort für Wort übersetzt: »Du sollst ihm dein Geld nicht zu Wucherzinsen geben und kein Übermaß für Lebensmittel verlangen.« Zwei Ausdrücke blieben dem Christen besonders im Gedächtnis und bewahrten im Mittelalter ihre ganze Wirkkraft: »*ad usuram*«, »zu Wucherzinsen« und »*superabundantia*«, das Übermaß, der »Überschuß«; mit dem ersten Ausdruck wird der Wucher als solcher untersagt, der zweite brandmarkt das »Übermaß«.

3. Du sollst von deinem Bruder nicht Zinsen nehmen, weder für Geld noch für Speise noch für alles, wofür man Zinsen nehmen kann. Von dem Ausländer darfst du Zinsen neh-

men, aber nicht von deinem Bruder ... (Deuteronomium 23, 20)

Hier gilt es darauf hinzuweisen, daß die Vulgata *(non foenerabis fratri tuo)* ein Wort verwendet, das sie dem römischen Recht entlehnt: *fenerare*, »auf Zinsen leihen«, »Wucher treiben«. Dadurch wird im 12. Jahrhundert die Herausbildung wucherfeindlicher Rechtsvorschriften begünstigt, die römischen Vorbildern folgt. Die Erlaubnis der Wucherzinsnahme von Fremden hat im Mittelalter nur in jüdisch-christlicher Richtung Gültigkeit, nicht umgekehrt; denn die mittelalterlichen Christen betrachten die Juden nicht als Fremde. Dagegen setzen sie im Kriegsfalle den Gegner mit dem Fremden gleich und sind so rechtlich in der Lage, vom Feind Wucherzinsen zu nehmen. Das für das kanonische Recht prägende *Decretum Gratiani* (um 1140) übernimmt die Formel des heiligen Ambrosius, die lautet: »*Ubi ius belli, ibi ius usurae*« (Wo es Recht zum Kriege gibt, gibt es Recht zum Wucher).

Nach Psalm 15 kann der Wucherer nicht Gast im Zelt Jahves sein:

4. *Herr*, wer darf weilen in deinem Zelt?
Wer darf wohnen auf deinem heiligen Berge?
Wer untadelig lebt und tut, was recht ist,
...
wer sein Geld nicht auf Zinsen gibt ...

Der Psalm 15 war für den Christen des Mittelalters ein Hinweis darauf, daß dem Wucherer das Paradies verwehrt ist.

Diesen vier Texten des Alten Testaments kann man noch die Passage aus Hesekiel (18, 13) hinzufügen, in der – als die, die Jahves Zorn erregen – neben dem Gewalttätigen und dem Blutschuldigen der angeführt wird, der »auf Zinsen gibt und einen Aufschlag nimmt«. Ihm prophezeit Hesekiel: Er »soll des Todes sterben; seine Blutschuld komme über ihn«. Hieronymus und Augustin haben diesem Urteil Hesekiels Kommentare gewidmet.

Im Neuen Testament schließlich hat der Evangelist Lukas die alttestamentarische Verurteilung des Wuchers aufgenommen und ausgeweitet. So entstand ein Gefüge notwendiger Wiederholungen in der Bibel, aufgrund dessen die Christen des Mittelalters die *Autorität* der Schrift als stets gesichert ansahen:

> 5. Und wenn ihr denen leiht, von denen ihr etwas zu bekommen hofft, welchen Dank habt ihr davon? Auch die Sünder leihen den Sündern, damit sie das Gleiche bekommen. Vielmehr liebt eure Feinde; tut Gutes und leiht, wo ihr nichts dafür zu bekommen hofft. (Lukas 6,34.35)

Der im Mittelalter entscheidende Textabschnitt war der Schlußsatz dieses Textes aus dem Lukasevangelium: »*Mutuum date, nihil inde sperantes.*« Denn hier wird der Idee, zu verleihen, ohne etwas zu erwarten, mittels zweier Schlüsselbegriffe der mittelalterlichen ökonomischen Mentalität und Praxis Ausdruck verliehen. *Mutuum* bezeichnet – vom römischen Recht übernommen – einen Vertragsabschluß mit Eigentumswechsel, bei dem der Verleih *zinslos* bleiben muß. Der Ausdruck *sperare*, »Hoffnung« beschreibt die interessierte Erwartung aller ökonomisch Handelnder im Mittelalter, die an einem Geschäft beteiligt sind, in dem die *Zeit* eine Rolle spielt und das mit einer auf Vergütung ausgerichteten *Erwartung* verbunden ist – sei es eines Gewinns (oder Verlustes) oder eines (statthaften oder unstatthaften) Zinses.

Eine lange christliche Tradition der Verurteilung des Wuchers folgt diesen Vorbildern. Die Kirchenväter verhehlen ihre Verachtung für die Wucherer keineswegs. Die Kanontafeln der ersten Konzilien verbieten den Geistlichen den Wucher (20. Kanon des Konzils von Elvira, um 300; 17. Kanon des Konzils von Nikäa, 325 n. Chr.), später wird das Verbot auch auf Laien ausgedehnt (Konzil von Clichy im Jahre 626). Vor allem Karl der Große verbietet kraft seiner geistlichen und weltlichen Gesetzesgewalt schon 789 mit der *Admonitio generalis* von Aachen den Wucher Klerikern wie Laien. Eine schwere Vergangenheit von Verboten durch kirchliche und weltliche Machthaber lastet also auf dem Wucher. In einer Vertragswirtschaft jedoch, in der Geldgebrauch und Geldumlauf noch unterentwickelt sind, ist das Problem des Wuchers zweitrangig. Außerdem gewährleisten bis zum 12. Jahrhundert die Klöster im wesentlichen die notwendige Kreditversorgung. Gegen Ende des Jahrhunderts wird ihnen der Papst ihre bevorzugte Kreditform untersagen, die *zinslose Pfandleihe*[6], die »Pfandsicherheit durch ein Gebäude, dessen Einkünfte der Kreditgeber erhält«[7].

Im Laufe des 12. Jahrhunderts dreht sich das Rad des Schicksals für Ritterstand und Adel nach unten, während die Bürger in den Städten emsig arbeiten und ihre Geschäfte vorantreiben; die Geldwirtschaft setzt sich allgemein durch, und dem Wucher wächst immer mehr Bedeutung zu. Das erschüttert die Kirche. Das entstehende kanonische Recht und bald darauf die Scholastik, die sich befleißigen, das Verhältnis der neuen Gesellschaft zu Gott zu bedenken und zu ordnen, versuchen die Inflation des Wuchers zurückzudrängen. Ich will hier aus der Litanei der wesentlichen Maßregeln der Konzilien und der wichtigsten Texte nur einige Beispiele herauspflücken, um die Ausbreitung und das Gewicht des Wucherphänomens zu verdeutlichen – und die Hartnäckigkeit, mit der die Kirche dagegen ankämpfte.

Nahezu jedes Konzil, das Zweite (1139), Dritte (1179) und Vierte (1215) Laterankonzil, das zweite Konzil von Lyon (1274) und das Konzil von Wien (1311), trägt mit einem Stein zu der Mauer bei, mit der die Kirche die Welle des Wuchers einzudämmen sucht. Auch das Gesetzbuch des kanonischen Rechts wird um die Gesetzgebung gegen den Wucher erweitert. Das *Decretum Gratiani* faßt um 1140 die entsprechenden Stellen aus der Bibel und der Patristik zusammen (29 »Autoritäten«). Die Dekretale *Consuluit* Urbans III. (1187) sollte dann – neben den Dekretalen Gregors IX. – im zweiten Viertel des 13. Jahrhunderts die Stelle des *Decretum Gratiani* im Gesetzbuch einnehmen. Auch die Theologen bleiben nichts schuldig. Petrus Lombardus, Bischof von Paris, gestorben 1160, ordnet in seinem *Livre de sentences* (das im 13. Jahrhundert zum Handbuch für Theologiestudenten wurde) den Wucher als eine Form des Raubes den Verboten des siebten Gebotes zu: »Du sollst nicht stehlen« *(Non furtum facies)*; damit nimmt er Gedanken des heiligen Anselmus auf, der im Übergang vom 11. zum 12. Jahrhundert als erster den Wucher dem *Diebstahl* gleichsetzte. Kardinal Robert von Courçon, Domherr zu Noyon, ab 1195 in Paris residierend, der im Jahre 1214 den Kreuzzug gegen die Albigenser führte und 1215 der jungen Pariser Universität ihre ersten Statuten gab, widmet dem Wucher in seiner *Summa* eine eigene Abhandlung *De usura*; das Konzil von Paris im Jahre 1213 veranlaßt er, unnachsichtige Maßnahmen gegen Wucherer zu ergreifen. Er schlägt vor, diese Plage, die er neben der Häresie als das große Übel der Epoche betrachtet, in einer von einem ökumenischen Konzil ausgerufenen breiten Offensive zu bekämpfen. Den Wucherer betrachtet er vor allem als Müßiggänger (ich werde darauf zurückkommen), und er hält Müßiggang für aller Laster Anfang. Das vom Papst präsidierte Konzil, das alle Bischöfe und Fürsten vereinigen würde, sollte jeden Christenmenschen bei Strafe der Exkommunikation und der Aburteilung verpflichten, geistig oder körperlich zu arbeiten und – dem paulinischen Gebot folgend – im Schweiße seines Angesichts sein Brot zu essen. Und er schließt:

> So würden alle Wucherer, Rebellen und Taugenichtse verschwinden, man könnte Almosen geben und für die Kirchen spenden, und alles wäre in seinen ursprünglichen Zustand zurückgeführt.[8]

Dieser Utopie folgend, widmen alle große Scholastiker einen mehr oder weniger wichtigen Teil ihrer »Summen« dem Wucher. Dies trifft zu auf Wilhelm von Auxerre, Bischof von Paris, gestorben 1248[9], auf den heiligen Bonaventura und auf Thomas von Aquin[10], beide gestorben im Jahre 1274. Aegidius von Lessines schließlich, Schüler Thomas' von Aquin, schreibt zwischen 1276 und 1285 eine eigenständige Abhandlung über den Wucher: *De usuris*.

Die Zunahme der Verurteilungen des Wuchers von der Mitte des 12. bis zur Mitte des 13. Jahrhunderts erklärt sich durch die Befürchtung der Kirche, die Gesellschaft werde durch die starke Vermehrung von Wucherpraktiken tiefgreifend verändert. Das

Dritte Laterankonzil (1179) weist darauf hin, daß zu viele Menschen Stand und Beruf aufgeben, um Wucherer zu werden. Im 13. Jahrhundert befürchten Papst Innozenz IV. und der große Kanoniker Hostensis die Verödung der Felder, weil die Bauern entweder selbst Wucherer werden oder von den Grundherren, die ihrerseits der Versuchung des Gewinns durch Wucherzinsen erlagen, ihres Viehs und ihrer Gerätschaften beraubt werden. Die Verlockung des Wucherns beschwört die Gefahr eines Rückgangs der Landnahme und -bewirtschaftung herauf und damit das Gespenst der Hungersnöte.

Mittelalterliche Definitionen des Wuchers stammen vom heiligen Ambrosius: »Wucher heißt mehr erhalten als man gab« *(Usura est plus accipere quam dare)*[11]; vom heiligen Hieronymus: »Wucher und Überschuß nennt man jeden Fall, in dem man mehr erhalten hat als man gab« *(Usuram appellari et superabundantiam quidquid illud est, si ab eo quod dederit plus acceperit)*[12]; vom Kapitular zu Nimwegen (806): »Wucher ist, wo mehr verlangt als gegeben wird« *(Usura est ubi amplius requiritur quam datur)*; und vom *Decretum Gratiani:* »Alles, was über das Kapital hinaus gefordert wird, ist Wucher« *(Quicquid ultra sortem exigitur usura est)*[13].

Wucher ist also der unstatthafte Gewinn und die unerlaubte Übervorteilung.

Das in das Gesetzbuch des kanonischen Rechts aufgenommene Dekretale *Consuluit* Urbans III. (1187) drückt das Verhalten der Kirche im 13. Jahrhundert dem Wucher gegenüber wahrscheinlich am treffendsten aus:

- Wucher ist all das, was bei einem Leihgeschäft über die Leihgabe selbst hinaus zurückverlangt wird.
- Wucherzins zu nehmen, ist eine vom Alten wie vom Neuen Testament verbotene Sünde.
- Was man über das Verliehene selbst hinaus als Vergütung erwarten darf, ist einzig eine Sünde.
- Die Wucherzinsen müssen vollständig ihrem wirklichen Besitzer *zurückgezahlt* werden.

– Die überhöhten Preise für einen Kauf auf Kredit sind insgeheim erhobene Wucherzinsen.

Thomas von Chobham bezieht sich in der ältesten bekannten »Summe für Beichtväter« (im wesentlichen vor 1215 verfaßt und wahrscheinlich 1216 in Umlauf gebracht) einzig auf die Autoritäten des Neuen Testaments und des kanonischen Rechts:

> Und Christus spricht im Evangelium: »Leiht, wo ihr nichts dafür zu bekommen hofft« (Lukas 6, 35). Und der Kanon sagt: »Wucher ist, wo mehr verlangt als gegeben wird« (*Decretum Gratiani*, c. 4, CXIV, q. 3 im Anschluß an den Kapitular von Nimwegen 806), worum es sich auch handeln möge; und selbst wer nichts erhält, sondern nur die Hoffnung hegt, etwas zu erhalten, treibt Wucher (*Decretum Gratiani*, c. 12, Comp. I, v. 15, aufgenommen in die Dekretale *Consuluit*).[14]

Entscheidend ist, daß der Wucher mehr ist als ein Verbrechen, er ist eine *Sünde*. Wilhelm von Auxerre sagt: »Zu Wucherzinsen leihen ist an sich und für sich eine Sünde«[15], und zwar vor allem als Abart der *avaritia*, der Habgier. Auch Thomas von Chobham hebt die Habgier als Vergehen gegen den christlichen Geist besonders hervor:

> Es gibt zwei verabscheuungswürdige Arten der *avaritia*, die mit gerichtlichen Strafen belegt werden: den Wucher und die Simonie [Handel mit geistlichen Ämtern], von der ich später sprechen werde. An oberster Stelle steht der Wucher.[16]

Der Dominikaner Stephan von Bourbon sagt ein halbes Jahrhundert später dasselbe:

> Nachdem ich von der *avaritia* im allgemeinen gesprochen habe, muß ich nun von ihren besonderen Formen sprechen, und zuerst vom Wucher ...[17]

Wucher ist zunächst einmal *Diebstahl.* Diese vom heiligen Anselmus (1033–1109) in seinen *Homiliae et Exhortationes*[18] eingeführte Definition wird im 12. Jahrhundert von Hugo von Saint-Victor, Petrus Comestor und Petrus Lombardus übernommen und ersetzt schließlich den traditionellen Begriff des Wuchers als »schändlichen Gewinn« *(turpe lucrum).*

Der Wucherdiebstahl ist sodann eine Sünde gegen die *Gerechtigkeit*, wie Thomas von Aquin betont:

> Ist es Sünde, Geld zu nehmen als Bezahlung für geborgtes Geld, was dasselbe ist wie Zins nehmen?
>
> Zins nehmen für geborgtes Geld ist an sich *ungerecht*; denn es wird verkauft, was nicht ist, wodurch ganz offenbar eine *Ungleichheit* gebildet wird, die der *Gerechtigkeit* entgegen ist.[19]

Das 13. Jahrhundert aber ist, vielleicht mehr noch als das 12., das Jahrhundert der Gerechtigkeit.

Die Gerechtigkeit ist par excellence die Tugend der Könige. Die Fürstenspiegel, die das Porträt eines idealen Königs entwerfen, bekräftigen mit Nachdruck, daß der ideale König gerecht sein müsse. Das Gerechtigkeitsstreben der Fürsten bringt den Fortschritt gerichtlicher Praktiken und Institutionen mit sich: Königliche Untersuchungsbeamte und mündliche Verhandlungen werden eingesetzt. Unter Ludwig dem Heiligen erscheint zum ersten Mal, vor allen anderen christlichen Fürsten, anstelle der *Rute* in der linken Hand des Königs von Frankreich als Symbol die *Hand der Gerechtigkeit*, das neue Insignum königlicher Macht. Joinville überliefert der Nachwelt das Bild des heiligen Königs, der unter der Eiche von Vincennes selbst Gericht hält.

Dieses Bedachtsein auf *Gerechtigkeit* wird zur selben Zeit auch ein Leitgedanke des wirtschaftlichen Bereichs, der von religiöser Ideologie und ethischen Erwägungen stark beeinflußt wird. Die grundlegenden Werte der wirtschaftlichen Tätigkeit und des sich entwickelnden Marktes sind der *gerechte Preis* und der *gerechte Lohn.* Der Forderung nach Preisgerechtigkeit steht die Tatsache gegenüber, daß in Wirklichkeit der »gerechte« Preis kein anderer ist als der des Marktes. Der Wucher ist eine Sünde gegen den gerechten Preis, *gegen die Natur.* Wenngleich diese Beteuerung auch überraschen mag, so war dies doch die Ansicht der Kleriker des 13. Jahrhunderts und der von ihnen beeinflußten Laien. Wucher wird die Erhebung von Zinsen nur dann genannt, wenn diese *in Form von Geld für Geld* gefordert werden.

Ein erstaunlicher Text, der fälschlich Johannes Chrysostomus zugeschrieben wird und wahrscheinlich aus dem 5. Jahrhundert datiert, wurde in der zweiten Hälfte des 12. Jahrhunderts in das Gesetzbuch des kanonischen Rechts aufgenommen. Dort steht zu lesen:

> Von allen Händlern ist der Wucherer am schwersten mit Fluch beladen, denn er verkauft eine von Gott gegebene und [im Gegensatz zum Händler] nicht von Menschen erworbene Sache, und er nimmt nach der Zahlung des Wucherzinses die Sache samt dem Vermögen des anderen wieder zurück, was ein Händler niemals tut. Nun wird man einwenden: Ist der, der ein Feld oder Haus gibt, um Pachtzins oder Miete zu erhalten, nicht dem ähnlich, der sein Geld auf Zinsen verleiht? Keinesfalls. Zuerst weil die einzige Funktion des Geldes ist, den Preis eines Kaufs zu begleichen. Zweitens, weil der Pächter dem Land Erträge abgewinnt und der Mieter die Nutznießung des Hauses hat; in diesen beiden Fällen scheint der Eigentümer den Gebrauch seiner Sache zu vergeben und dafür Geld zu erhalten, in gewisser Weise also Nutzen gegen Nutzen zu tauschen, während von geliehenem Geld keinerlei Gebrauch gemacht werden kann. Drittens schließlich wird durch Gebrauch der Boden nach und nach ausgelaugt und das Haus beschädigt; hingegen erfährt verborgtes Geld weder Minderung noch Altern.

Geld ist unfruchtbar. Wucher aber will, daß es sich vermehrt. Thomas von Aquin sagt, seiner Aristoteles-Lektüre folgend:

Nummus non parit nummos (»Geld pflanzt sich nicht fort«). Die Theologen und Kanoniker des Mittelalters haben – wie Jean Ibanès[20] zeigt – nicht jede Geld- oder Kapitalproduktivität untersagt; aber im Fall der Zinsleihe, des *mutuum*, ist die Vermehrung des Geldes durch verliehenes Geld widernatürlich. Thomas von Aquin betont:

> Das Geld aber ist … vornehmlich erfunden, um Tauschhandlungen zu tätigen. Und so besteht der eigentliche und hauptsächliche Gebrauch des Geldes in seinem Verbrauch oder im Ausgeben des Geldes, sofern es für Tauschgegenstände aufgewandt wird. Und deshalb ist es an sich unerlaubt, für den Gebrauch des geliehenen Geldes eine Belohnung zu nehmen, die man Zins nennt.[21]

Auch für den heiligen Bonaventura ist das Geld *an sich* unproduktiv: »Das Geld kann von sich und durch sich keine Früchte tragen, sondern die Frucht kommt anderswoher.«[22]

In einer Art Parabel, »Die Weinrebe und der Wucher«, stellt Thomas von Chobham fest: »Das schlafende Geld bringt *natürlich* keine Frucht, die Weinrebe dagegen ist *natürlich* fruchtbar.«[23] Gleichwohl spielte man seit dem Hochmittelalter mit dem Gedanken, das Geld – in Ermangelung natürlicher Fruchtbarkeit – »arbeiten« zu lassen. Schon 827 spricht Partecipazio, Doge von Venedig, in seinem Testament (dessen Authentizität angezweifelt wird) von *solidi laboratorii*, von »arbeitendem Geld«. Meint er damit zu Wucherzinsen verliehenes oder in Erwartung eines gerechten Gewinns investiertes Geld? Theologen und Kanoniker stellen im 13. Jahrhundert mit Verwunderung fest, daß zu Wucherzinsen verliehenes Geld tatsächlich »arbeitet«. Von diesem verblüffenden Umstand geben die Verfasser von *Exempla*-Sammlungen und die Prediger Zeugnis.

In seinem *Dialogus miraculorum* zwischen einem Mönch und einem Novizen (um 1220) läßt Cäsarius von Heisterbach seine Protagonisten folgendes Gespräch führen:

> *Novize:* Mir scheint der Wucher eine sehr schwere und kaum wiedergutzumachende Sünde zu sein.
>
> *Mönch:* Du hast recht. Es gibt keine Sünde, die nicht von Zeit zu Zeit schläft. Der Wucherzins aber hört niemals auf zu sündigen. Während sein Meister schläft, schläft er selbst nicht und wächst und steigt unablässig.[24]

Und in der *Tabula exemplorum*, einem Manuskript der Bibliothèque Nationale von Paris, kann man lesen:

> Jeder Mensch unterbricht die Arbeit zu Feiertagen, doch die wuchertreibenden Ochsen *(boves usurarii)* arbeiten unaufhörlich und versündigen sich so gegen Gott und alle Heiligen, und darum muß der Wucher, der Sünde ohne Ende ist, auch ohne Ende bestraft werden.[25]

Man kann ermessen, wie häufig dieses Thema wohl von Predigern aufgegriffen wurde und wie sich ihre effektvollen Reden seiner annahmen:

> Meine Brüder, meine Brüder, kennt ihr eine Sünde, die niemals ruht, die man zu jeder Zeit begeht? Nein? Aber doch, eine solche Sünde gibt es, eine einzige, und ich werde sie euch nennen. Es ist der Wucher. Das zu Wucherzinsen verliehene Geld hört nicht auf zu arbeiten, es erzeugt ohne Unterlaß Geld; unrechtes, schändliches, verachtenswertes Geld zwar, aber Geld. Der Wucher ist ein unermüdlicher Arbeiter. Kennt ihr, meine Brüder, einen Arbeiter, der weder an Sonntagen und Feiertagen, noch beim Schlafen die Arbeit ruhen läßt? Nein? Nun, der Wucher arbeitet in einem fort, nachts wie am Tage, an Sonntagen und Feiertagen, im Schlafe wie beim Wachen! Im Schlafe arbeiten? Dieses teuflische Wunder vollbringt, vom Satan angestachelt, der Wucher. Darin ist der Wucher auch eine Lästerung Gottes und der Ordnung, die Er schuf. Der Wucher achtet weder die natürliche Ordnung, die Gott in der Welt und in unse-

rem körperlichen Leben errichtete, noch die Ordnung des Kalenders, die Gott begründete. Ist das zu Wucherzinsen verliehene Geld nicht wie die Arbeitsochsen, die rastlos den Pflug ziehen? Der unaufhörlichen und endlosen Sünde aber wird Bestrafung ohne Ruhe und Ende beschieden sein. Als nie verzagender Helfershelfer des Satans kann der Wucher nur zu ewiger Knechtschaft, zum Satan und zur Strafe ohne Ende in der Hölle führen!

Mit heutigen Worten könnten wir sagen, daß die Fließbandarbeit des Wuchers unausweichlich zu den ewigen Banden der Verdammnis führt.

Die Geldstücke sich vermehren und das Geld – bei Mißachtung der von Gott gegebenen natürlichen Gesetze – ohne die geringste Unterbrechung arbeiten zu lassen, bedeutet das nicht *wider die Natur* zu sündigen? Und betonen die Theologen nicht außerdem, zumal seit dem »naturalistischen« 12. Jahrhundert: *Natura, id est Deus* (»Die Natur, das heißt Gott)«?

Die großen Dichter, die hier zugleich die besten Theologen sind, haben das schändliche Wesen des Wuchers genau erfaßt.

Zunächst Dante, der noch im Jahrhundert des Siegeszuges des Wuchers selbst schreibt:

E perchè l'usuriere altra via tiene,
Per sè natura e per la sua seguace
Dispregia, poi che in altro pon la spene.

Doch da der Wuchrer andre Wege wandelt,
Verachtet er Natur und die ihr folget,
Da er auf andres seine Hoffnung setzte.[26]

Und ein Schriftsteller unserer Tage, Ezra Pound, im venezianischen Schatten Shylocks, schreibt:

Usura metzt das Kind im Mutterleib
Und wehrt des jungen Mannes Werben

Hat Schlagfluß in das Bett gebracht und liegt
zwischen der jungen Braut und ihrem Mann
CONTRA NATURAM[27]

Jawohl, dem Wucher konnte nur ein Schicksal beschieden sein: die Hölle.

Bereits Mitte des 5. Jahrhunderts prägte Papst Leo I., der Große, jenen Ausdruck, der durch das ganze Mittelalter nachhallt:

Fenus pecuniae, funus est animae.
(Des Geldes Zinsgewinn ist der Seele Tod.)

Wucher, das ist der Tod.

Der »irrsinnige Reiche«. Relief in der Kapitellzone eines Pfeilers im nördlichen Seitenschiff (Langhaus) der Kirche in Orcival. (Bildarchiv Foto Marburg)

Der Zeitdieb

Vom 12. Jahrhundert an wird in der romanischen Bildhauerei immer wieder eine Gestalt als Verbrecher dargestellt und angeprangert: der Wucherer. Dank dieser Publizität erlangt er unter den Figuren des Bösen besondere Anschaulichkeit. Er findet Eingang in das Repertoire der abschreckenden Beispiele aus grauenerregenden und heilsverheißenden Anekdoten, das die Predigt in der kollektiven Einbildungskraft der Christen anlegt. Der Wucherer ist einer der bevorzugten Helden der *Exempla*, jener Geschichten, in denen Wundersames und Alltägliches verwoben sind und mit denen die Prediger ihre Reden spicken.

Den Wucherer, wie er von den Männern und Frauen des Mittelalters gesehen wurde, finden wir in Gemälden und in Predigten, in künstlerischen und literarischen Texten. Gehen wir zum Beispiel nach Orcival in der Auvergne (siehe auch Abb. gegenüber):

> Gleich am Eingang springt dem Besucher das erste Kapitell ins Auge, das des *Fol dives,* wie es auf der Inschrift des Abakus für jeden sichtbar heißt ... Dieser durchaus nicht magere Reiche hält noch mit beiden Händen sein teures Geldsäckel fest, während sich gerade die Teufel über ihn hermachen. Ihre bestienhaften Köpfe ..., ihre Art, das Opfer am Haarschopf zu packen und ihre Dreizacke sind nicht eben ein beruhigender Anblick.[1]

Dieser *Fol dives,* der »irrsinnige Reiche«, der eine Beute der Hölle wird, ist der Wucherer – ein von seinen Wucherzinsen aufgeschwemmter Fettwanst. Stephan von Bourbon nennt ihn – als ob es sich um eine naturnotwendige Verbindung handelte – den *pinguis usurarius,* »den fetten Wucherer«[2].

Nach seinem Tode kann das Geld des Wucherers für seinen

Leichnam verhängnisvolle Wirkung haben und seinen Angehörigen Kopfzerbrechen bereiten. Jakob von Vitry berichtet:

> Man erzählte mir von einem Wucherer, der – in Todesqualen sich windend – sein Geld keinesfalls verlassen wollte; er rief seine Frau und seine Kinder zu sich und nahm ihnen den Schwur ab, seinen letzten Willen auszuführen. Er ließ sie beeiden, sein Geld in drei Teile aufzuteilen; mit dem einen Teil sollte seine Frau sich wieder verheiraten können, der zweite war für seine Söhne und Töchter bestimmt. Den dritten Teil befahl er in einen Beutel zu füllen, der ihm um den Hals gebunden und mit ihm begraben werden sollte. Da er nun mit einer großen Summe Geldes begraben ward, wollten seine Frau und seine Kinder eines Nachts das Geld wiedererlangen, öffneten das Grab und sahen, wie Dämonen im Mund des Wucherers die in glühende Kohlen verwandelten Geldstücke verschlangen. Da flohen sie entsetzt.

Aus dem Geldsäckel des Wucherers wandern die Geldstücke in den Mund seines Leichnams, der sich in eine infernalische Sparbüchse verwandelt hat. Wie man auch an anderer Stelle sieht – zum Beispiel an der Fassade eines Hotels in Goslar, wo ein Wucherer einen Dukaten ausscheidet –, verbindet die bildhafte Psychoanalyse des mittelalterlichen Wucherers das unrecht verdiente Geld mit oraler oder analer Sexualität.

In der *Tabula exemplorum* wird von einem Affen, einer Karikatur des Menschen, erzählt, der sich daranmacht, den Geldsäckel eines Wucherers gleichsam zu läutern:

> Einem Pilger, der sich auf der Überfahrt zum Heiligen Land befand, raubte ein Affe, der mit auf dem Schiff war, das Geldsäckel, kletterte auf einen Mast, öffnete den Beutel und begann zu sortieren: einige Geldstücke nahm er beiseite und gab sie hernach wieder in den Beutel, die anderen warf er ins Meer. Als der Pilger sein Geldsäckel wiederbekommen hatte, wurde er gewahr, daß der Affe nur die Geldstücke

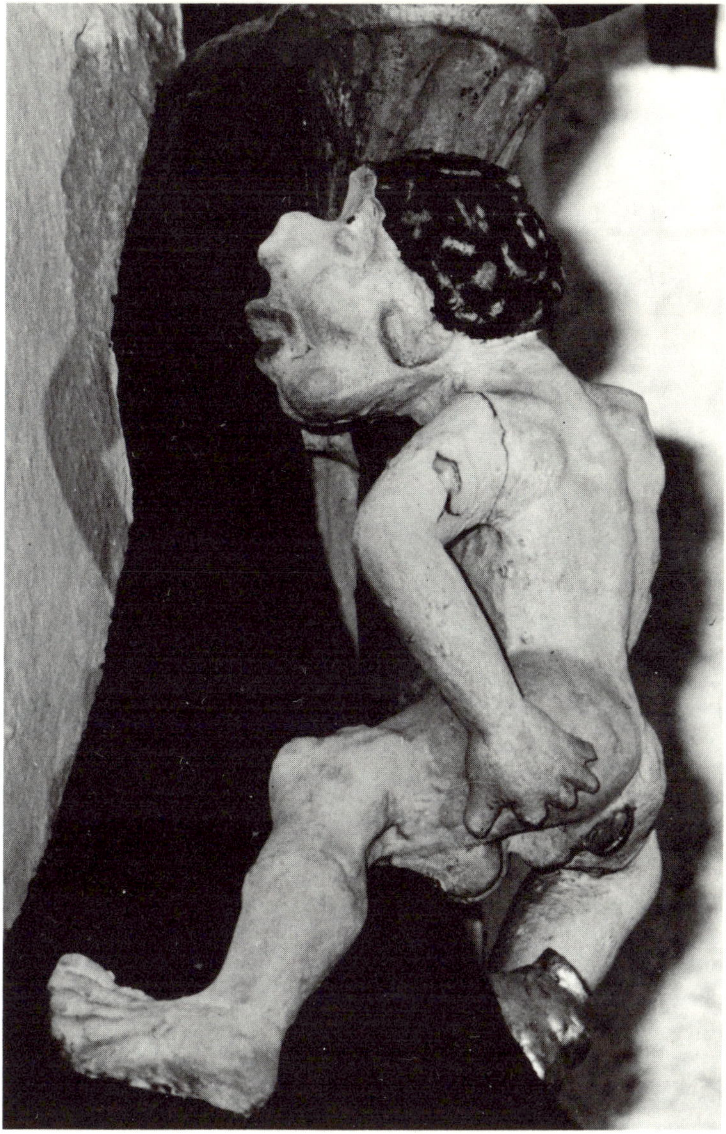

»Dukatenkacker« am Hotel Kaiserworth in Goslar. (Foto: Archiv der Kur- und Fremdenverkehrsgesellschaft Goslar)

nicht weggeworfen hatte, die nicht auf unrechte Weise [mittels Wucher] erworben worden waren.[4]

Dante schließlich schildert die Wucherer in der *Hölle* so:

... ma io m'accorsi
Che dal collo a ciascun pendea una tasca
Ch'avea certo colore e certo segno,
E quindi par che il loro occhio si pasca.

... doch ich konnte sehen,
Ein jeder trug am Halse einen Beutel
Mit eignem Zeichen und mit eigner Farbe,
Und dieser schien ihm eine Augenweide.[5]

Man erkennt die von Dante in der Hölle dargestellten Verdammten mit dem Täschlein wieder: Farbe und Zeichen sind die der Familien, die Dante als Wuchererdynastien brandmarkt.

An dieser Stelle muß eine Unklarheit beseitigt werden. Im Lauf der Geschichte hat man das Bild des Wucherers sehr eng mit dem des Juden verbunden. Bis zum 12. Jahrhundert war die Zinsleihe im wesentlichen in den Händen der Juden; es waren keine bedeutenden Summen im Spiel, und man bewegte sich im Rahmen der Naturalienwirtschaft (man verlieh Getreide, Kleidung, Stoffe und Gegenstände und erhielt eine größere Menge derselben Dinge zurück, die man verliehen hatte). Nach und nach aber verbot man den Juden produktive Tätigkeiten in denjenigen Wirtschaftsbereichen, die wir heute als »primär« beziehungsweise als »sekundär« bezeichnen. Abgesehen von bestimmten »liberalen« Berufen wie der lange Zeit von den Christen verabscheuten Medizin (die die Pflege eines kranken Körpers anderen überließen: die Reichen und Mächtigen den jüdischen Ärzten, die übrigen den »Volksheilern« und der Natur) – abgesehen von solchen Berufen blieb den Juden also nichts anderes übrig, als das Geld arbeiten zu lassen, dem die Christen jegliche Fruchtbarkeit absprachen. Als Nicht-Christen hatten sie keine Gewissensbisse und übertraten ihre biblischen

Vorschriften nicht, wenn sie an Individuen oder Institutionen verliehen, die außerhalb ihrer Gemeinschaft standen. Die Christen wiederum dachten kaum daran, die Verurteilung des Wuchers, die nur für die christliche Gemeinschaft galt – zunächst für die Geistlichen, später auch für die Laien –, auf die Juden auszudehnen. Einige Klöster praktizierten ihrerseits bestimmte Formen des Kredits, vor allem die »zinslose Pfandleihe«, die Ende des 12. Jahrhunderts untersagt wurde. Allerdings ändert sich alles im 12. Jahrhundert, vor allem weil der ökonomische Aufschwung eine enorme Zunahme der Geldzirkulation und damit die Entwicklung des Kreditwesens bewirkt. Bestimmte Formen des Kredits werden gestattet, andere hingegen – wie das mit Zinsgewinn verbundene Darlehen – verstärkt unterdrückt und mit überkommenen Verboten belegt, die – wie wir gesehen haben – erneuert und präzisiert werden.

Zur gleichen Zeit verschlechtern sich die Lebensbedingungen der Juden im christlichen Umfeld. Um das Jahr 1000 und zur Zeit der Kreuzzüge kommt es zu Pogromen, bei denen die Juden den fanatisch religiösen Massen als Sündenböcke und Sühneopfer für Unheil (Kriege, Hungersnöte, Seuchen) dienen. Die antijüdische Haltung der Kirche verschärft sich, und in der christlichen Gesellschaft – vom Volk bis zu den Fürsten – breitet sich im 12. und vor allem im 13. Jahrhundert das aus, was später Antisemitismus heißen wird. Die Zwangsvorstellung vom »dreckigen Juden« breitet sich aus. Anklagen wegen Ritualmordes kommen auf (in England 1144 in Norwich, in Frankreich 1171 in Blois) und vermehren sich ebenso wie die wegen Hostienschändung. Im gleichen Maß, wie sich die Eucharistiefeier verbreitet, wirft man den Juden, den Gottesmördern, vor, sie hätten Jesus nicht nur historisch, sondern auch in der Hostie getötet. Der große Dante-Forscher André Pézard hat richtig erkannt, daß bei Dante, der hier der Mentalität seiner Epoche Ausdruck verleiht, »der Wucher als eine Form der Bestialität verurteilt wird«[6]. Einem bestialischen Gesindel entspricht eine bestialische Praktik. Bei den Christen entwickelt sich derselbe Haß gegen die Juden wie gegen den Wucher. Das 4. Laterankonzil (1215) ordnete an:

> Wir wollen verhindern, daß in dieser Sache Christen von Juden unmenschlich behandelt werden und beschließen ... also, daß, wenn unter irgendeinem Vorwand Juden von Christen hohe und überzogene Zinsen verlangt haben, jeder Handel der Christen mit den Juden untersagt sein soll, bis Wiedergutmachung geleistet wurde.[7]

Christliche Wucherer werden als Sünder vor kirchliche Gerichte, die *Offizialate,* gestellt, die in der Regel eine gewisse Nachsicht walten ließen und Gott die Bestrafung durch Verdammnis anheimstellten. Juden und Ausländer (in Frankreich Wucherer aus Italien und Südfrankreich, aus der Lombardei und aus der Gegend von Cahors[8]) hingegen unterliegen der härteren und repressiveren weltlichen Rechtsprechung. Philipp August, Ludwig VIII. und vor allem Ludwig der Heilige erlassen sehr strenge Gesetze gegen jüdische Wucherer. So nährt die gleichzeitige Unterdrückung des Judentums und des Wuchers den aufkeimenden Antisemitismus und verdüstert zusätzlich das Bild des mit dem Juden mehr oder minder gleichgesetzten Wucherers.

Der große wirtschaftliche Aufschwung des 12. Jahrhunderts erhöht die Anzahl christlicher Wucherer. Diese schüren die Feindseligkeiten gegen die Juden, da diese bisweilen eine gefährliche Konkurrenz darstellen. Uns ist es hier um die christlichen Wucherer zu tun, ohne zu vergessen, daß sich ihre Geschichte im 13. Jahrhundert vor dem Hintergrund des Antisemitismus vollzieht. In der Theorie waren christliche Wucherer für die Kirche schlimmer als jüdische:

> Heute werden die Wucherer von den weltlichen Herren wegen ihres Reichtums geehrt und verteidigt, und sie sagen: »Sie sind unsere Juden« [das heißt: die unter unserem Schutz stehenden Geldverleiher], obgleich sie doch schlimmer sind als die Juden. Denn die Juden nehmen keinen Wucherzins von ihren Brüdern. Unsere dagegen sind Vertraute und Kammerdiener nicht nur der weltlichen Fürsten, sondern auch der Prälaten, denen sie Geld leihen, damit ihre Söhne

zu Pfründen gelangen. Ihre Töchter verheiraten sie mit Rittern und Adligen, und alles gehorcht ihrem Geld. Heute verachtet man die Armen und hält die Wucherer in Ehren.[9]

Dies sind die Worte Jakobs von Vitry, des moralischen und pessimistischen Predigers mit der Neigung, ein düsteres Bild der Wirklichkeit zu zeichnen. So ehrenwert und sicher war es nämlich keineswegs, im 13. Jahrhundert Wucherer zu sein. Was man auf diesem dunklen Bild aber erkennen kann, ist eine damalige christliche Gesellschaft, die ganz und gar nicht zu dem erbaulichen Gemälde paßt, das bestimmte moderne Hagiographen des Mittelalters für uns schaffen. Die Wahrheit ist, daß im Zeitalter Franz' von Assisi und der Heiligung der Armut die Armen verachtet wurden und der Wucher ein Mittel des sozialen Aufstiegs sein konnte, der nur mit dem Schreckgespenst des Höllenfeuers gebremst werden konnte. Man spricht nicht mehr vom Rad des Schicksals, das sich auf und ab dreht, sondern von der Leiter, von der man unrettbar hinabstürzt. Stephan von Bourbon übernimmt die folgende Geschichte von einem zeitgenössischen Prediger:

> In eine Stadt kam ein sehr armer und von der Krätze geplagter Junge, den man folglich mit dem Spottnamen *le galeux* [»der Räudige«] rief. Als er zum Jüngling herangewachsen war, verdiente er sich sein Brot als Botengänger eines Metzgers. So sparte er sich eine kleine Menge Geldes und trieb damit Wucher. Als sein Geld sich vermehrt hatte, kaufte er sich leidlich achtbare Kleider. Dann heiratete er in eine ehrbare Familie und gewann dank des Wuchers an Ruf und Reichtum. Nun nannte man ihn Martin Legaleux, aus dem ehemaligen Spottnamen war ein Familienname geworden; später, noch reicher geworden, nannte man ihn »Herr Martin«; und als er einer der Reichsten der Stadt ward, hieß man ihn »gnädiger Herr Martin«. Vom Wucher aufgebläht war er endlich der erste unter allen Reichen geworden, und alle nannten ihn »Euer Gnaden« und verehrten ihn als ihren

> Herrn. Sollte er aber die Sprossen, die er durch Wucher erklommen hat, nicht wieder durch Rückzahlung der Wucherzinsen heruntersteigen, wird er plötzlich und mit einem Mal bis tief zu den schlimmsten Schrecken der Hölle hinabfahren.[10]

Der christliche Wucherer[11] ist ein Sünder; doch welcher Sündenvergehen macht er sich nun schuldig?

Wucher ist Diebstahl, also ist der Wucherer ein Dieb, und zuvörderst – wie jeder Dieb – ein Dieb von Eigentum. Thomas von Chobham drückt das klar aus:

> Der Wucherer begeht einen Diebstahl *(furtum)* oder einen Wucher *(usuram)* oder einen Raub *(rapinam)*, denn er empfängt fremden Besitz *(rem alienam)* gegen den Willen des »Eigentümers« *(in vito domino)*, welcher Gott ist.[12]

Der Wucherer ist ein ganz besonderer Dieb; denn selbst wenn er nicht die öffentliche Ordnung stört *(nec turbat rem publicam)*, ist sein Diebstahl besonders hassenswert, da er nämlich Gott bestiehlt.

Womit handelt er denn, wenn nicht mit der Zeit, die verstreicht zwischen den Zeitpunkten, an denen er zunächst verleiht und später die verzinste Rückzahlung erhält? Doch die Zeit gehört niemand anderem als Gott. Als Zeitdieb ist der Wucherer ein Dieb des Eigentums Gottes. Darin sind sich – dem heiligen Anselmus und Petrus Lombardus zufolge – alle Zeitgenossen einig:

> Der Wucherer leiht dem Schuldner nichts, was ihm gehört, sondern nur die Zeit, die Gott gehört. Er darf also keinen Gewinn aus dem Verleih fremden Eigentums ziehen.[13]

Die *Tabula exemplorum* drückt dies deutlicher aus, übernimmt allerdings einen Gemeinplatz der Epoche:

> Die Wucherer sind Diebe, denn sie handeln mit der Zeit, die

> ihnen nicht gehört, und mit dem Eigentum eines anderen gegen den Willen des Besitzers zu handeln, ist Diebstahl.[14]

Die Lage des Wucherers spitzt sich zu: zuerst Dieb von »Eigentum«, nun auch Zeitdieb. Denn das »Eigentum« – ein Begriff, der im Mittelalter nur im Zusammenhang mit dem römischen Recht des 12. und 13. Jahrhunderts erscheint und in der Regel nur bewegliche Habe bezeichnet – ist ein Gut der Menschen. Die Zeit hingegen gehört Gott, und nur Ihm allein. Zu jener Zeit, als die mechanische Uhr noch nicht erfunden war (sie wird erst Ende des 13. Jahrhunderts das Licht der Welt erblicken) singen die Kirchenglocken noch das Lob des Herrn.

Thomas von Chobham drückt das im Anschluß an den oben (S. 16) zitierten Textabschnitt klar aus:

> So leiht der Wucherer dem Schuldner nicht, was ihm gehört, sondern nur die Zeit, die Gott gehört [*sed tantum tempus quod dei est*]. Da er also mit einer fremden Sache handelt, darf er daraus keinen Gewinn ziehen.[15]

Die *Tabula exemplorum* ist noch deutlicher. Sie spricht vom Handel mit Tagen und Nächten, deren anthropologische und symbolische Bedeutung sie hervorhebt. Der Tag, das ist das Licht, das Medium, das dem Menschen den Gebrauch seines Sehvermögens gestattet und das darüber hinaus den leuchtenden Urstoff der Seele, der Welt und Gottes versinnbildlicht. Die Nacht, das ist die Ruhe, die Zeit der Stille und der (bestenfalls von Träumen beeinträchtigten) Erholung des Menschen; sie ist auch die mystische Zeit des Vergessens von Unruhe, Sorgen und Pein. Tag und Nacht sind die zusammengehörenden irdischen Vertreter der beiden großen eschatologischen Heilsmomente des Lichts und des Friedens. Denn der Nacht der Hölle steht die irdische Nacht gegenüber, die eine Vorahnung des Paradieses ist. Mit diesen beiden höchsten Gütern treibt der Wucherer seinen Handel.

Ein weiterer Text des 13. Jahrhunderts (aus dem Bestand der Bibliothèque Nationale von Paris) treibt die Zusammenführung der Figuren des Sünders und des Diebes, die den Wucherer ergibt, noch weiter als die *Tabula:*

> Die Wucherer sündigen gegen die Natur, indem sie aus Geld Geld erzeugen wollen, wie ein Pferd aus einem Pferd oder einen Esel aus einem Esel. Obendrein sind die Wucherer Diebe *[latrones],* denn sie verleihen Zeit, die ihnen nicht gehört, und mit einem fremden Gut gegen den Willen des Besitzers zu handeln, ist Diebstahl. Und da sie außerdem mit nichts anderem als mit erwartetem Geld, das bedeutet mit Zeit, handeln, treiben sie mit Tagen und Nächten Handel. Der Tag aber ist die Zeit der Helligkeit und die Nacht die Zeit der friedvollen Ruhe. Also handeln sie mit Licht und friedvoller Ruhe. So wäre es nicht gerecht, wenn sie das ewige Licht und den ewigen Frieden erlangten.[16]

Dies also ist die höllische Logik, die auf den Wucherer Anwendung findet.

Der Vorwurf des Zeitdiebstahls ist ein in besonderer Weise brauchbares Argument, zumal für den Klerus zwischen dem 12. und 13. Jahrhundert: Es ist der Zeitraum, in dem sich die soziokulturellen Werte und Praktiken wandeln, die Menschen sich stückweise ehemals göttliche Vorrechte aneignen und der Bereich göttlicher Monopolstellung zusammenschmilzt. Auch Gott muß den Menschen zugestehen, daß sie bestimmte Werte aus seinem Himmel auf die Erde holen und ihnen »Nischen« und »Freiheiten« einräumen.

Eine andere Berufsgruppe durchlebt zur selben Zeit eine parallele Entwicklung: die »neuen« Intellektuellen, die außerhalb der Klosterschulen und Kathedralen in den Städten Schüler unterrichten, von denen sie eine Bezahlung erhalten, die *collecta.* Der heilige Bernhard – und mit ihm noch andere – geißelt sie als »Wortverkäufer und Worthändler«. Aber was veräußern sie denn eigentlich? Wissenschaft, die – wie die Zeit – niemand anderem gehört als Gott.

Doch bald sollten diese Diebe der Wissenschaft gerechtfertigt werden, in erster Linie durch ihre *Arbeit.* Als intellektuelle Arbeiter erhalten sie Zugang zur anerkannten Gesellschaft ihrer Epoche und zur Gesellschaft der Auserwählten, die für ihre diesseitigen Verdienste mit dem ewigen Leben im Jenseits belohnt werden. Sowohl Privilegierte wie Unterdrückte dieser Erde können zu den Auserwählten gehören, sofern sie nur rechtschaffen und gottesfürchtig sind. Die Kirche rühmt die Armen, aber nimmt gern die Reichen auf, die sich durch die Reinheit der Herkunft und die Tugendhaftigkeit des Gebrauchs ihres Reichtums auszeichnen.

Der mittelalterliche Wucherer befindet sich in einer eigenartigen Lage. Der Historiker unserer Tage, der langandauernde Entwicklungen betrachtet, erkennt in ihm den Vorläufer eines ökonomischen Systems, das trotz seiner Ungerechtigkeiten und Mängel den Weg des Fortschritts bereitet: den Kapitalismus. In seiner Epoche hingegen wird dem Wucherer von allen Seiten nur Abscheu entgegengebracht.

Eine lange jüdisch-christliche Tradition verurteilt ihn durchgängig, die Heilige Schrift spricht einen Fluch aus, der zweitausend Jahre auf ihm liegt. Aber auch die neuen Werte des 13. Jahrhunderts verstoßen ihn als Feind der Gegenwart. Der große Vorwärtsschub der Gesellschaft wird von der Arbeit und den Arbeitenden bewerkstelligt, er hingegen ist ein ganz außergewöhnlich schändlicher Faulenzer. Denn die teuflische Arbeit des Geldes, die er in Gang setzt, ist lediglich der Deckmantel seiner widerwärtigen Faulheit.

Auch hier findet Thomas von Chobham die passenden Worte:

> Der Wucherer möchte, ohne zu arbeiten und selbst im Schlafe, einen Gewinn erzielen, was gegen das Gebot des Herrn verstößt, welches sagt: »Im Schweiße deines Angesichts sollst du dein Brot essen« (Genesis 3, 19).[17]

Der Wucherer handelt gegen den Plan des Schöpfers. Die Menschen des Mittelalters betrachten die Arbeit zuvörderst als Sühne für den Sündenfall, als eine Strafe. Später werten sie die Arbeit – ohne jedoch ihren Strafcharakter zu verneinen – mehr und mehr auf zu einem Instrument der Würde, des Heils und des Loskaufs vom Stand der Sünde. Arbeit wird zur Mitarbeit am Werke des Schöpfers, der nach vollbrachter Tat am siebten Tage ruht, und schließlich zur wichtigen Begleiterin, die man der Entfremdung entreißen muß, um mit ihr und durch sie – individuell wie kollektiv – den steinigen Weg zur Freiheit zu gehen.

Auf dieser Baustelle des menschlichen Fortschritts ist der Wucherer Saboteur.

Die Denker des 13. Jahrhunderts erklären die Arbeit zur Grundlage des Reichtums und des Heils in eschatologischer und – wie wir heute sagen würden – in ökonomischer Hinsicht. »Ein jeder esse das Brot, das er durch eigene Anstrengung erwarb, die Müßiggänger und Wucherer jage man davon«[18], ruft Robert von Courçon den Wucherern entgegen. Und Gabriel Le Bras kommentiert treffend:

> Das Hauptargument gegen die Wucherer ist, daß die Arbeit die eigentliche Quelle der Reichtümer ist ... Die einzige Quelle des Reichtums ist die geistige oder körperliche Arbeit. Es gibt keine andere Rechtfertigung des Gewinns als die Tätigkeit des Menschen.[19]

Die einzige Möglichkeit des Wucherers, das Heil zu erlangen, ist die *vollständige Rückzahlung* seines Gewinns, da er seinen *ganzen* Gewinn unrecht erworben hat. Thomas von Chobham sagt es klar und deutlich:

> Da die kanonische Regel besagt, daß *die Sünde niemals vergeben wird, wenn Gestohlenes nicht zurückgegeben wurde,* ist es klar, daß der Wucherer nicht als aufrichtiger Büßer betrachtet werden kann, ehe er nicht alles zurückgezahlt hat, was er durch Wucher erpreßte.[20]

Auch Cäsarius von Heisterbach legt das seinem Mönch, der auf die Frage des Novizen antwortet, in den Mund:

> Für den Wucherer ist es schwer, seine Sünde wieder gutzumachen, denn Gott vergibt ihm nur, wenn er zurückgibt, was er stahl.[21]

Stephan von Bourbon und die *Tabula exemplorum* bedienen sich desselben *Exemplums,* um hinsichtlich der Rückzahlung von Wucherzinsen zu zeigen, daß sich die Verdammung des Wucherers auf seine Nachlaßverwalter ausdehnen kann, wenn diese nicht der Rückzahlungspflicht Folge leisten. Es kann gefährlich werden, Freund eines Wucherers zu sein.

Zunächst die Version des Dominikaners:

> Durch Bruder Raoul von Varey, der zur Zeit des folgenden Ereignisses Prior der Dominikaner in Clermont war, kam mir zu Ohren, daß ein Wucherer in der Stunde des Todes bereute, zwei Freunde zu sich rief und sie bat, seinen letzten Willen treulich und rasch auszuführen. Er hieß sie schwören, die Habe anderer, die er erhalten hatte, zurückzugeben. Sie leisteten den erbetenen Eid und luden Flüche auf sich, die sie im Falle der Eidbrüchigkeit treffen sollten. Der eine sagte, das heilige Feuer, das man das Feuer der Gehenna [die Feuerqualen[22]] nennt, solle über ihn kommen, wenn er sein Versprechen nicht halte; der andere tat es ihm nach, indem er die Lepra beschwor. Aber nach dem Tode des Wucherers behielten sie dessen Geld, brachen ihr Versprechen und wurden ein Opfer ihrer Verwünschungen. Unter der Last ihrer Qualen gestanden sie ihre Schuld.[23]

In der *Tabula* sind der untreuen Testamentsvollstrecker drei:

> Ein Wucherer vermachte mit seinem letzten Willen all sein Hab und Gut drei Testamentsvollstreckern, die er beschwor, alles zurückzuzahlen. Er fragte sie, was sie am meisten auf der Welt fürchteten. Der erste antwortete: »Die Armut«; der zweite: »Die Lepra«; der dritte: »Das Feuer des heiligen Antonius« [die Feuerqualen]. »All diese Übel«, sprach er,

»werden über euch kommen, wenn ihr mein Hab und Gut nicht zurückzahlt oder nicht so verteilt, wie ich euch geheißen habe.« Nach seinem Tode aber eigneten sich die habgierigen Nachlaßverwalter die ganze Habe des Toten an. Da befielen sie sogleich die Übel, die der Tote beschwört hatte, die Armut, die Lepra und das heilige Feuer.[24]

So versucht die Kirche, die tatsächliche Ausführung der Rückzahlung von Wucherzinsen mit allen nur möglichen Garantien abzusichern. Sie dramatisiert die Ausführung des letzten Willens des toten reuigen Wucherers, der bußfertig die Rückzahlung *post mortem* in seinem Testament verfügte. (Testamente aus dem Spätmittelalter – die »Reisepässe für das Jenseits« – sind sehr wertvolle Quellen für die Erforschung des Verhältnisses dem Tod und dem Jenseits gegenüber.) Die Kirche verheißt dem untreuen Testamentsvollstrecker einen irdischen Vorgeschmack der Qualen, die den unbußfertigen Wucherer in der Hölle erwarten und die hienieden auf seine eidbrüchigen und habgierigen Freunde übertragen werden.

Über tatsächlich erfolgte Rückzahlungen von Wucherzinsen wissen wir sehr wenig. Die Historiker neigen dazu, in der Rückzahlungsforderung eine in aller Regel nicht befolgte Drohung zu sehen. Ohne naiv zu sein und Rückzahlungen für eine verbreitete Praxis zu halten (die außerdem – wie wir sehen werden – bei der Ausführung auf zahlreiche Schwierigkeiten stößt), glaube ich, daß sowohl die Absicht zur Rückzahlung wie auch Rückzahlungen selbst häufiger waren als man gemeinhin zugibt. Betrachtete man die Wirklichkeit eingehender, könnte man nicht nur Genaueres über diesen Gradmesser des Glaubens und des religiösen Gefühls erfahren, sondern auch die Auswirkungen dieses von den Wirtschaftshistorikern zu lange schon ignorierten Phänomens auf Wirtschaft und Gesellschaft ermessen. Wie man weiß, sind heutzutage die finanziellen Aspekte der strafrechtlichen Ahndung von Steuerhinterziehungen nicht zu vernachlässigen.

Ein von Joinville überlieferter kurioser Ausspruch Ludwigs des

Die Hölle. Französische Buchminiatur aus dem 15. Jahrhundert, Bibliothèque Sainte-Geniviere. (Archiv für Kunst und Geschichte, Berlin)

Heiligen veranschaulicht, daß die Rückzahlung vor allem für den habgierigen Wucherer schmerzlich war:

> Er sagte, es sei von Übel, das Hab und Gut eines anderen zu nehmen; denn es zurückzuerstatten sei sehr schwer. Das Aussprechen schon mache beim *Rückerstatten* den Hals rauh durch die darin vorkommenden »r«, deren Form den Dreizack des Teufels darstelle, mit dem er die Rückzahlungswilligen immer wieder zurückhält. Der Teufel tut das mit Bedacht: Indem er die großen Wucherer und Diebe zur Raserei bringt, veranlaßt er sie, Gott zu geloben, was sie an die Menschen zurückzahlen müßten.[25]

Der Wucherer und der Tod

Das Hochmittelalter hat eine Vielzahl von Berufen und Tätigkeiten verboten oder mißbilligt, sie zunächst dem Klerus, später häufig auch den Laien untersagt oder sie doch wenigstens gebrandmarkt, weil sie allzu leicht zur Sünde verleiteten. Am häufigsten erscheinen auf dem Index an oberster Stelle: Gastwirte, Metzger, Gaukler, Schauspieler, Zauberer, Alchimisten, Ärzte und Wundärzte, Soldaten, Zuhälter, Dirnen, Notare, und vor allem Händler; dann auch Gerber, Weber, Sattler, Färber, Zuckerbäcker, Schuster, Gärtner, Maler, Fischer, Barbiere, Landverpächter, Feldhüter, Zöllner, Wechsler, Schneider, Parfümeure, Kaldaunenhändler, Müller etc.

Wir können hier nur einige Gründe dieser Mißbilligung andeuten[1]. Zunächst bilden die überkommenen Tabus primitiver Gesellschaften den dauerhaften Hintergrund. Das Tabu des Blutes bringt Metzger, Henker, Wundärzte, Apotheker, Ärzte und natürlich Soldaten in Verruf. Die Geistlichen stehen im Gegensatz zu den Kriegern. Das Tabu der Unreinheit, des Schmutzes inkriminiert Gerber, Färber, Köche, Bleicher und, für Thomas von Aquin, selbst Geschirrwäscher! Das Tabu des Geldes schließlich lastet auf Söldnern, Landsknechten und Dirnen, aber auch auf den Händlern, zu denen die Wechsler und natürlich auch unsere Wucherer gezählt werden.

Ein weiteres Kriterium der Mißbilligung – eher christlicher und mittelalterlicher Herkunft – bezieht sich auf die sieben Hauptsünden. Wirte, Gaukler und Besitzer von Schwitzbädern und Tavernen neigen zur Ausschweifung; die erbärmlich bezahlten Textilarbeiterinnen prostituieren sich fast ausnahmslos. Sie werden mit dem Schandmal der Unkeuschheit gezeichnet und verstoßen. Das Stigma der Händler und Gesetzesausleger ist die Habgier, der Köche Schandmal die Schlemmerei; die Ritter werden ihres Stolzes wegen verachtet und die Bettler der Faulheit geziehen.

Der Wucherer – als Abart des Händlers – wird wegen verschiedener tateinheitlicher Vergehen mit dem Bann belegt: wegen seines in besonderem Maße empörenden Umgangs mit Geld und wegen seiner Habgier und Faulheit. Auf ihn fällt – wie wir gesehen haben – die Verurteilung wegen Diebstahls, wegen Sünde gegen die Gerechtigkeit und gegen die Natur. Seine Anklageschrift ist erdrückend.

Das 13. Jahrhundert und sein theoretisches System, die Scholastik, unterstützen die Entwicklung, vielfache Entschuldigungen beizubringen, die die Ausübung dieser Berufe im Laufe der Zeit – teilweise oder ganz – rehabilitieren. Man unterscheidet die an sich und naturgegeben unzulässigen Gewerbe von Berufen, die nur unter bestimmten Umständen unstatthaft sind. Der Wucherer ist freilich nur sehr beschränkt Nutznießer dieser Kasuistik: Es ist ausgeschlossen, daß er aus Not wuchert, denn er muß doch das Geld schon besessen haben, das er zu Wucherzinsen verleiht. Erst wenn der Wucherer seine gute Absicht zu Rückzahlung zu erkennen gibt, findet diese Kasuistik auch auf ihn Anwendung. Thomas von Chobham tut dies als persönliche Meinung, nicht jedoch als gesetzliche oder moralische Vorschrift kund:

> Wir meinen, daß der Wucherer – vorausgesetzt, er ist willens zurückzuzahlen, sobald er dazu fähig ist – in einer extremen Notlage von seinen Wucherzinsen etwas für seinen Lebensunterhalt abzweigen darf, allerdings nur mit der größten Sparsamkeit, damit er seinen festen Entschluß zur Rückzahlung ausführen kann; ebenso ist es ja erlaubt, in äußerster Not sich von der Habe anderer zu ernähren, um nicht zu sterben.[2]

Lediglich das Argument des »Gemeinnutzes« kann den Wucherer bisweilen entlasten; es rechtfertigt nichtwuchernde Händler und Handwerker, findet auf Wucherer aber nur selten Anwendung. Kompliziert wird die Angelegenheit, wenn der Fürst oder – wie wir heute sagen würden – der Staat selbst Darlehensnehmer ist. Hören wir Thomas von Aquin:

> Die menschlichen Gesetze lassen manche Sünden ungestraft wegen der Verfassung der unvollkommenen Menschen, bei denen manches nützliche Werk unterbunden würde, wenn alle Sünden streng verboten und mit der entsprechenden Strafe belegt würden. Und deshalb hat das menschliche Gesetz Zins erlaubt, nicht als ob es der Meinung wäre, es sei der Gerechtigkeit gemäß, sondern damit nicht der Nutzen für die vielen [anderen] unterbunden würde.[3]

Für Thomas von Chobham ist selbst der Fall problematisch, wenn die Fürsten Darlehen jüdischer Wucherer in Anspruch nehmen:

> Es ist erstaunlich, daß die Kirche Fürsten unterstützt, die ungestraft das Geld der Juden in ihren Gebrauch bringen, die doch kein Hab und Gut besitzen, das sie nicht durch Wucher erworben hätten; so werden die Fürsten zu Komplizen des Wuchers und der Wucherer selbst. Die Kirche aber läßt die Fürsten ungestraft, weil sie mächtig sind, was vor Gott jedoch keine Entschuldigung ist. Und wahrlich, die Fürsten geben sogar zu, daß sie die Juden nur zu dem Zwecke vor denen schützen, die sie aus dem Land jagen würden, wenn sie könnten, damit sie das auf ihren Gütern erwirtschaftete Geld auf statthafte Weise erhalten können.[4]

Cäsarius von Heisterbach geht mit den Bischöfen, die sich mit Wucherern einlassen, noch härter ins Gericht:

> *Novize:* Weil die Bischöfe, die die Prälaten und Wächter der Kirche sind, mit Wucherern Verbindung pflegen und ihnen sogar das Begräbnis in christlicher Erde gewähren, gibt es heute ein Heer von Wucherern.
>
> *Mönch:* Wenn sie nur die Laster, die ihnen anvertraut sind, verschweigen würden, ohne selbst ähnliche zu begehen, wäre es erträglich. Aber manche Kirchenhirten fordern – nach weltlichem Vorbild – von ihren eigenen Schafen so

> überzogene Zahlungen, wie es die Wucherer tun. Das sind die schlechten, die sehr schlechten Feigen [s. Jeremia 24, 3]. Sie müssen fürchten, ihren Platz in der Hölle neben dem der Wucherer bereitet zu sehen, denn die solchermaßen mit Gewalt erpreßten Wucherzinsen und Zahlungen sind nichts als Raub und Diebstahl.[5]

So verdirbt der Wucherer die Gesellschaft bis in ihre Höhen und die Kirche bis zu ihren Häuptern. Wucher ist ansteckend wie Lepra.

Der Wucherer des 13. Jahrhunderts bleibt einer der wenigen Menschen, dessen Beruf *secundum se,* »an sich« und *per natura,* »seiner Natur wegen« verurteilt wird; die fast allgegenwärtigen Ausreden kann er nicht für sich vorbringen. Dieses bittere Los teilt er mit Dirnen und Gauklern. Thomas von Chobham unterstreicht die Ähnlichkeit der Verurteilung, die den Wucherer und die Dirne treffen:

> Die Kirche verstößt die Wucherer wie die anderen Diebe, denn sie üben vor aller Augen den Beruf des Wucherers aus, um davon zu leben; so ächtet die Kirche auch die Dirnen, die gotteslästerlich den Beruf der Prostitution ausüben, um von ihm zu leben.[6]

Diesen drei verfluchten Berufen sind in jedem Falle zwei Privilegien versagt, die anderen Personengruppen, die einem verachteten oder verdächtigen Beruf nachgehen, zugestanden werden: das christliche Begräbnis und das Recht, der Kirche Almosen zu geben, damit die Gläubigen für sie beten.

Doch von allen ist der Wucherer der schlimmste, denn er sündigt gegen Gott in vielerlei Weise: nicht nur gegen Seine Person, auch gegen die Natur, die Er schuf und die mit Ihm verschmilzt, und schließlich gegen die Kunst als Nachahmung der Natur. Dante hat folglich in seiner *Hölle* die Wucherer neben die Sodomiten gestellt, beide Sünder gegen die Natur.

E però lo minor giron suggella
Del segno suo e Soddoma e Caorsa,
E chi, spregiando Dio col cuor, favella.

Und drum sind mit des untern Streifens Zeichen
Die von Sodom und von Cahors[7] gestempelt
Und wer Gott mit des Herzens Wort verspottet.[8]

Mehr noch, wie André Pézard in seinem großen Buch *Dante sous la pluie de feu* bemerkt: Dante trifft die Wucherer – im 17. Gesang der *Hölle* – auf dem dritten Ring des siebten Kreises, an einem noch tiefergelegenen Ort als die Gotteslästerer und Sodomiten.

Auf Erden erlebte der Wucherer eine Art sozialer Schizophrenie, wie der mächtige und verachtete Metzger mittelalterlicher Städte, der nicht selten zum verbissenen Revolutionär wurde; wie der Gaukler (oder später der Komödiant), den man zugleich glühend verehrte und doch davonjagte; wie in bestimmten Epochen Kurtisanen und Mätressen, die von den »unbescholtenen Frauen« und der Kirche – aufgrund ihrer Schönheit, ihres Geistes und ihres Einflusses bei ihren reichen und mächtigen Liebhabern – ineins umworben, gefürchtet und verstoßen wurden. Der wegen seines Geldes hofierte und zugleich gefürchtete Wucherer wurde in einer Gesellschaft, in der die Gottesverehrung die öffentliche Verehrung des Mammons verbot, eben deswegen verachtet und verflucht.

Der Wucherer muß also seinen Reichtum und seine Macht verbergen. Er herrscht im Dunkeln und in der Stille. Die *Tabula exemplorum* erzählt von einer antiken Stadt, in der es Brauch war, daß das Ansehen der Wucherer bei jedem Besuch eines Cäsar stieg; sobald dieser aber angekommen war, versteckten sich sämtliche Wucherer so gut sie konnten. Aber, fügt die *Tabula* hinzu: »Was werden sie tun, wenn Gott kommen wird, um sie zu richten?«[9]

Wer könnte den Blick Gottes mehr fürchten als der Wucherer? Aber selbst den der Menschen flieht er. Jakob von Vitry erzählt in der Form eines *Exemplums* die folgende erstaunliche Begebenheit:

> Ein Prediger, der allen zeigen wollte, daß der Beruf des Wucherers so schändlich sei, daß keiner wagen würde, ihn öffentlich kundzutun, sagte zum Abschluß seiner Predigt: »Ich will euch nach euren beruflichen Tätigkeiten und Handwerken die Absolution erteilen. Schmiede, stehet auf!« Und die Schmiede erhoben sich. Nachdem er ihnen die Absolution erteilt hatte, sprach er: »Kürschner, stehet auf!«, und die Kürschner erhoben sich; so erhoben sich nach und nach die verschiedenen Handwerker, die er nannte. Schließlich rief er aus: »Wucherer, erhebet euch, damit ich euch die Absolution erteile!« Es waren mehr Wucherer zugegen als Leute anderer Berufe, aber sie verbargen sich aus Scham. Unter dem Gelächter und dem Spott der anderen verließen sie zerknirscht den Ort ihrer Schande.[10]

Seinem höllischen Schicksal aber wird der Wucherer nicht entgehen, selbst wenn er sich durch Gaben und Spenden an die Kirche deren Fürbitte nach seinem Tode erkauft zu haben glaubt. Wiederum von Jakob von Vitry stammt die Geschichte vom wahnsinnigen Wucherer, der nach seinem Tod als Gespenst zurückkehrt (im Mittelalter wimmelt es nachgerade von solchen teuflischen Gespenstern), um sich an den Mönchen zu rächen, die nicht verhindert hatten, daß er zur Hölle fuhr:

> Man erzählte mir von einem Wucherer, den Mönche für viel Geld in ihrer Kirche begraben hatten; eines Nachts – als die Mönche gerade die Morgenmesse lasen – stieg er aus seinem Grabe, nahm einen Leuchter und stürzte sich wie ein Wahnsinniger auf die Mönche. Verschreckt und entsetzt stoben sie auseinander, einige aber verletzte er am Kopf, anderen brach er Beine oder Arme; dabei stieß er eine Art Heulgeschrei aus und rief: »Sehet die Feinde Gottes und Verräter, die mein Geld nahmen und mir das Heil versprachen; sie aber betrogen mich und ich habe nur den ewigen Tod gefunden.«[11]

In einer von Tieren beeindruckten mittelalterlichen Welt, die im Menschen stets Ähnlichkeiten mit Tieren suchte und sich inmitten einer symbolischen Fauna den Weg bahnte, wird dem Wucherer eine Vielzahl animalischer Verwandter zugeordnet.

In der *Tabula exemplorum,* tritt der Wucherer zum einen als Ochse und Berserker auf, der seine Arbeit niemals unterbricht und wird zum anderen auch als reißender und raubender Löwe dargestellt:

> Die Wucherer sind wie der Löwe, der des Morgens loszieht und nicht eher zurückkehrt, als bis er eine Beute gerissen und sie seinen Jungen gebracht hat; sie stehlen und verleihen zu Wucherzinsen, um für ihre Kinder Vermögen zu erwerben.[12]

Ein ganzes Bestiarium von Wucherern erscheint bei Jakob von Vitry. Er berichtet zunächst vom Begräbnis einer Wucherer-Spinne:

> Man erzählte mir von einem Ritter, der auf eine Gruppe von Mönchen traf, die den Leichnam eines Wucherers zu Grabe trugen. Er sprach zu ihnen: »Ich überlasse euch den Leichnam meiner Spinne, und der Teufel soll ihre Seele haben. Ich aber werde das Spinnennetz behalten, das heißt ihr ganzes Geld.« Mit gutem Recht vergleicht man die Wucherer mit den Spinnen, die ihr Netz spinnen, um Fliegen zu fangen; die Wucherer opfern nicht nur sich selbst, sondern auch ihre Kinder dem Teufel, indem sie in ihnen das Feuer der Habgier entfachen ... Und die Habgier lebt in ihren Erben immer fort. Manche Wucherer vermachen ihren Söhnen sogar vor deren Geburt ihr Geld, damit es sich durch Wucher vermehre, und so kommen ihre Söhne behaart wie Esau und voller Reichtümer zur Welt. Und wenn sie sterben, vermachen sie wiederum ihr Geld ihren Söhnen und diese beginnen von neuem, Gott zu bekriegen.[13]

Ob es tatsächlich eine Erbfolge des Wuchers gab, die sich in der sozialen Wirklichkeit des 13. Jahrhunderts nachweisen läßt, sei dahingestellt. Es folgt sodann die Geschichte vom Fuchs und vom Affen:

> Wiewohl der Wucherer zeit seines Lebens Reichtümer anhäuft, fehlt ihm doch jedes Gefühl für Barmherzigkeit, so daß er selbst von seinem Überfluß den Armen nicht die geringste Mildtätigkeit erweist, gleich dem Fuchse mit dem langen, ja zu langen und am Boden schleifenden Schweif, den ein Affe um ein kleines Stück seines Schwanzes bat, damit er seine Blöße bedecken könne. Der Affe sprach zu dem Fuchs: »Du könntest mir helfen ohne selbst Schaden zu nehmen, denn du hast einen zu langen und zu schweren Schwanz.« Der Fuchs aber antwortete: »Mein Schwanz dünkt mich weder lang noch schwer, und selbst wenn er schwer wäre, trüge ich lieber die Last als dir zu helfen, deinen schmutzigen Hintern zu bedecken.« Dies ist just die Sprache derer, die zu den Armen sagen: »Warum sollte ich euch Gaunern von meinem Geld geben? Ich will nicht, daß du etwas zu essen hast und also will ich dir nichts geben.«[14]

Und schließlich tritt noch der Wolf auf:

> Man erzählt, ein Fuchs habe einmal einen abgemagerten Wolf überredet, mit ihm stehlen zu gehen; er führte ihn in eine Speisekammer, wo der Wolf so viel fraß, daß er durch das kleine Loch, durch das er hineingekrochen war, nicht mehr hinausschlüpfen konnte. Da mußte er solange hungern, bis er wieder so mager war wie vorher und kroch – nachdem man ihn verprügelt hatte – ohne Fell wieder hinaus. So verliert auch der Wucherer im Tode das Fell seiner Reichtümer.[15]

Fällt die Verurteilung des Wucherers nicht mit der Verurteilung des Händlers ineins, und sind der Wucherer und der Händler nicht ein und derselbe? Ja und nein.

Daß nicht jeder Händler ein Wucherer ist und daß andererseits zahlreiche Wucherer von nichts anderem als vom Wucher leben, ist unstrittig. Ein *Exemplum* Jakobs von Vitry zeigt das:

> Man erzählte mir von einem Wucherer, dem seine Hausgenossen nach seinem Tode die letzte Ehre erweisen wollten. Als die Nachbarn den Leichnam hochheben wollten, um ihn zu bestatten, gelang es ihnen nicht. Andere und wieder andere versuchten es ebenfalls und scheiterten wie ihre Vorgänger. Das erstaunte sie und ein weiser Alter sprach zu ihnen: »Wißt ihr denn nicht, daß es in dieser Stadt einen Brauch gibt: Wenn ein Mann stirbt, tragen ihn die zu Grabe, die den gleichen Beruf ausüben wie der Verstorbene: die Priester und Geistlichen tragen die toten Priester und Geistlichen zum Friedhof, die Händler den Händler, die Metzger den Metzger und so fort. So laßt uns also Männer herbeirufen, die dem selben Beruf zu ihrem Lebensunterhalt nachgehen, wie der Verstorbene.« Also rief man vier Wucherer herbei, die sogleich die sterbliche Hülle des Wucherers emporhoben und zur Grabstätte trugen. Denn die Teufel ließen nicht zu, daß ihr Sklave von anderen als von Mitsklaven getragen wurde. Bedenket die Barmherzigkeit Gottes, der »die Seelen der Sünder des Wuchers und der Unbilligkeit erlöst, auf daß ihr Name, wenn sie ihn geändert haben, gerecht sei vor Ihm.« Denn wahrlich, wir wissen, daß kein Name so abscheulich und schändlich ist wie der des Wucherers *[usurarius seu fenerator]*. Deshalb auch wagen sie nicht, öffentlich ihren Beruf zu bekennen und wollen nicht Wucherer, sondern Verleiher *[commodatores]* oder Händler *[mercatores]* genannt werden. Und sie sagen: »Ich bin ein Mann, der von seinem Geld lebt.«[16]

Es ist deutlich, daß Wucherer und Händler nicht nur nicht ein und dasselbe sind, sondern daß die eine Benennung schandhaft, die zweite dagegen ehrenvoll ist und gleichsam als Tarnbezeichnung für die erste dient – was immerhin ein Zeichen für eine gewisse Nähe, wenn nicht gar Verwandtschaft der beiden Berufe ist.

Ich glaube weder, daß – wie Raymond de Roover[17] sagt – die Unterscheidung zwischen Händler-Verleihern einerseits und Wucherern andererseits sehr strikt war, noch daß – wie John T. Noonan schreibt –

> »die soziale Rangstellung eines Bankiers im Florenz des 13. Jahrhunderts mindestens so gehoben [war] wie die eines Bankiers im New York des 20. Jahrhunderts.«[18]

Das mag vielleicht für das 14. und vor allem für das 15. Jahrhundert zutreffen, im 13. Jahrhundert aber gab es noch gar keine wirklichen »Bankiers«. Auf der anderen Seite kann man sehr wohl Übergänge und Überschneidungen der Tätigkeiten von Händler-Verleihern und Wucherern feststellen. Selbst in einer Wirtschafts- und Gesellschaftsordnung, in der die Bedeutung des Wuchers schwindet – wie in Balzacs Frankreich des 19. Jahrhunderts – gibt es deutliche Unterschiede zwischen dem Berufswucherer Gobseck und dem Gelegenheitswucherer Père Grandet – ein Graben aber trennt sie nicht gerade.[19]

Der Wucherer ist im übrigen die am meisten verachtete Kategorie des Händlers. In den beiden Predigtmodellen (58 und 59), die Jakob von Vitry den »Händlern und Wechslern« *(mercatores et campores)* widmet, betreffen fast alle Rubriken und *Exempla* die Wucherer. Sie haben die Heilspredigt ohne jeden Zweifel am dringendsten nötig, und sie wird unter der Adresse »Händler« an sie gerichtet. Einen eigenen »Stand« *(status)* bilden die Wucherer nicht. Die von Dante in der *Hölle* aufgeführten Wucherer – einige nennt er mit Namen – sind als Händler und teilweise als Händler-Bankiers ersten Ranges wohlbekannt: so die Adelsfamilien der Gianfigliazzi und der Ubriachi, kenntlich am Wappen auf ihren Geldsäckel; die berühmten Scrovegni von Padua; Vitaliano del Dente, Podesta von 1309; Giovanni Bujamonte, »als schrecklichster Wucherer Europas bekannt«, der es 1293 gleichwohl zum Gonfaloniere brachte.

Um den Händler des 13. Jahrhunderts, dem es – weniger bei der sozialen Elite als unter den ehrenwerten Berufen – sehr schwer fällt, Anerkennung zu finden, weht immer der Geruch des Wuchers.

In der Modellpredigt *ad status* 59 zeigt Jakob von Vitry eine Variante der trifunktionalen Gesellschaft (wie sie von Georges Dumézil definiert und von Georges Duby für das mittelalterliche Abendland nachgewiesen wurde), die meiner Ansicht nach noch nicht genügend beachtet wurde, obgleich sie interessant ist. Folgendermaßen sieht sie aus:

> Gott verfügte, daß drei Menschenarten sein sollen: die Bauern und die anderen Arbeiter, um das Überleben der übrigen zu sichern, die Ritter, um sie zu verteidigen und die Geistlichen, um sie zu regieren; aber der Teufel setzte eine vierte Art ein: die Wucherer. Da sie nicht an der Arbeit der Menschen teilhaben, werden sie nicht bei den Menschen, sondern bei den Teufeln bestraft. Denn der Menge Geldes, das sie durch Wucherzins erwirtschaften, entspricht die Menge Holz, die dem Höllenfeuer aufgelegt wird, in dem sie verbrennen sollen. Der Durst der Habgier treibt sie, brackiges Wasser zu trinken und durch Betrug und Wucher schmutziges Geld anzuhäufen; es ist der Durst, vor dem Jeremia warnt, wenn er sagt: »Schone deine Kehle, daß sie nicht durstig werde« [2, 25]. Weil sie die Verbote des Gesetzes übertreten, ernähren sie sich von Leichen und von Aas, denn sie verzehren durch Wucher erworbene Speisen; diese Nahrung kann nicht durch das Zeichen des Kreuzes oder eine andere Segnung geheiligt werden, wie es in den Sprüchen heißt: »Sie nähren sich vom Brot des Frevels und trinken vom Wein der Gewalt« [4, 17]. Wenn uns von einer Nonne berichtet wird, die den Teufel, der auf einem Salatblatt saß, verzehrte, weil sie es nicht durch das Zeichen des Kreuzes segnete, so ist das viel schlimmer, als wenn Wucherer mit dem Brot der Gewalt den Teufel mit zu verschlingen scheinen, von dem wir glauben, daß er auf ihrem Bissen Brot sitzt ...[20]

Es ist nicht unwichtig festzustellen, daß in diesem Spiel, mit dem das trifunktionale Modell den geistigen Vorstellungen der neuen Gesellschaft angepaßt werden soll, gerade dem Wucherer – als der pejorativen Form des Händlers – die Rolle der vierten Funktion zukommt. Später wird diese Rolle auch anderen, zum Beispiel den Rechtsgelehrten, zugeteilt. Die teuflische Verdoppelung der dritten Funktion, der Wirtschaft, zeugt zwar von der Integration der Weiterentwicklung der Tauschwirtschaft in die geistigen Strukturen, bringt aber auch das Mißtrauen zum Ausdruck, das die Intellektuellen der wirtschaftlichen Sphäre gegenüber hegen. Neben Bauern und anderen Arbeitern, die gerechtfertigt, weil nützlich und produktiv sind, tritt die Funktion des Teufels, die des Geldes, des unseligen und unproduktiven Wuchers. Bevor der Wucherer zur ewigen Beute des Teufels wird, ist er hienieden sein irdischer Freund und Günstling.

> Es geschah einmal, daß das Feld eines Wucherers von einem Unwetter verschont blieb, das umliegende Land jedoch verwüstet wurde; da lief der Wucherer voller Freude zu einem Priester, um ihm zu sagen, daß Gott ihm wohlgesonnen sei, und rechtfertigte seinen Lebenswandel. Der Priester antwortete: »Du irrst dich, denn du bist von dem Gewitter verschont geblieben, weil du dir in der Gesellschaft der Teufel, die das Unwetter schickten, viele Freunde gemacht hast.«[21]

Doch wenn der Tod naht, ist es aus mit der Freundschaft; dann zählt für den Teufel einzig noch seine Gier nach der Seele des Wucherers. Er wacht darüber, daß ihm die Seele des Wucherers nicht abspenstig gemacht wird, und muß daher nach Kräften die Beicht- und Bußbereitschaft des Wucherers verhindern.

Seine erste Kriegslist ist, dem sterbenden Wucherer die Zunge zu lähmen und ihn stumm zu machen. Jakob von Vitry betont: »Viele Wucherer verlieren im Angesicht des Todes die Fähigkeit zu sprechen und können ihre Beichte nicht ablegen.«[22]

Aber der Teufel hat eine noch radikalere Lösung parat: den plötzlichen Tod, den ärgsten Tod für einen Christen des Mittelalters, denn er ereilt ihn meist im Stande der Todsünde – was für den Wucherer unausweichlich ist, lebt er doch unblässig im Stande der Todsünde. Dies bezeugt eine Nachricht aus der Zeit Stephans von Bourbon, Mitte des 13. Jahrhunderts. Es ist die dramatische und beispielhafte Geschichte des Wucherers von Dijon.

> Es geschah im Jahre des Herrn 1240 in Dijon, daß ein Wucherer mit großem Prunk seine Vermählung feiern wollte. Wohlklänge der Musik begleiteten ihn zur Pfarrkirche der Heiligen Jungfrau. In der Portalhalle der Kirche erwartete er seine Braut, daß sie ihm ihre Zustimmung gebe, damit die Heirat dem Brauch gemäß durch die »Geschenkworte« *(verba de presenti)* bekräftigt werde, bevor die Ehe mit der Feier der Messe und den weiteren kirchlichen Segnungen geschlossen würde. Als aber der Verlobte und die Verlobte voller Freude in die Kirche eintreten wollten, löste sich am Portal ein in Stein gehauener Wucherer, dessen sich gerade der Teufel bemächtigte, fiel herab, traf den lebenden Wucherer und tötete ihn. So wurde aus dem Hochzeitszug ein Trauerzug und die Freude wandelte sich in Trauer. Der steinerne Wucherer hatte dem lebenden Wucherer den Zugang zu Kirche und Sakramenten verwehrt, den ihm die Priester gewähren wollten, anstatt ihn davon auszuschließen. Da gaben die anderen Wucherer der Stadt Geld, um die restlichen Skulpturen der Portalsvorhalle abbrechen zu lassen, damit nicht auch ihnen ein solches Unglück zustoße. Ich selbst habe die heruntergebrochenen Skulpturen gesehen.[23]

Man müßte diesen Text ausführlich kommentieren, mitsamt den darin enthaltenen Informationen über das Heiratsritual, bei dem das Eigentliche sich noch *vor* der Kirche abspielt; über das Spiel des Ausschlusses und der Zulassung des Wucherers; über die Beziehungen von Wucherern und Klerus; über das gedachte und erlebte Verhältnis zwischen der Welt der Lebenden und der steinernen Welt der Kirchenskulpturen; über die Solidarität der städtischen Wucherergemeinde. Bescheiden wir uns damit, von der symbolischen Brutalität dieses zeitlich und örtlich genau bestimmten Berichts erschüttert zu sein. Dem Wucherer von Dijon jedenfalls hätte kaum etwas Unerfreulicheres widerfahren können.

Die allzu große Nachsicht, die einige Kleriker den Wucherern entgegenbringen, ändert im übrigen nichts an der Situation des unbußfertigen Wucherers. Hören wir noch einmal, was Stephan von Bourbon erzählt:

> In Besançon sah ich einen großen Wucherer, den bei einem fröhlichen Gelage plötzlich der Tod ereilte. Als seine Söhne, die er aus zwei Ehen hatte, dessen gewahr wurden, zogen sie ihre Degen und schlugen sich um die [mit Geld gefüllten] Truhen, derer sie habhaft werden wollten oder die sie verteidigten. Leichnam und Seele ihres Vaters kümmerte sie wenig. Man bestattete den Wucherer gleich neben der Pfarrkirche der Kathedrale Sankt Johannes und errichtete ein großes Grabmal an der Seitenmauer der Kirche. Anderntags fand man das Grabmal weit von der Kirche entfernt, zum Zeichen, daß der Wucherer von der Gemeinschaft der Kirche verstoßen wurde.[24]

Die vielleicht ärgste List, den sterbenden Wucherer an der Beichte zu hindern, besteht darin, ihn völlig irrsinnig zu machen. Der Wahnsinn treibt den Wucherer dazu, bis zuletzt unbußfertig zu bleiben. Das trägt sich in der Geschichte vom Wucherer von Notre-Dame von Paris zu, die ebenfalls Stephan von Bourbon uns überliefert:

> Das folgende habe ich mit eigenen Augen gesehen, als ich als junger Student in Paris war und eines Samstags in die Kirche der Heiligen Jungfrau kam, um die Vesper zu hören. Ich sah, wie man einen Mann auf einer Bahre hereintrug, dem eine Gliedmaße von jener Krankheit verbrannt war, die man die »heilige Krankheit« oder die »höllische Krankheit« nennt [die »Feuerqualen«]. Die Menge umringte ihn. Seine Nächsten berichteten, er sei Wucherer. Priester und Geistliche

beschworen ihn, seinen Beruf aufzugeben und zu versprechen, die Wucherzinsen zurückzuzahlen, damit ihn die Heilige Jungfrau von seinem Leiden erlösen könne. Er aber wollte nicht hören und schenkte weder Tadel noch gutem Zureden Achtung. Bis zum Ende der Vesper verharrte er in seiner Verstocktheit, und da der Brand schon seinen ganzen Körper überzogen hatte, wurde er schwarz und aufgebläht und die Augen traten ihm aus dem Gesicht. Da warf man ihn vor die Kirche wie einen Hund, wo er am selben Abend in seiner Verstocktheit starb.[25]

Gegen Ende des Mittelalters wird die bildende Kunst den Todeskampf des Wucherers in den Gravuren der »Kunst des Sterbens« darstellen. Doch all die Kämpfe, Alpträume und Schrecken werden bereits im 12. und 13. Jahrhundert in den *Exempla* der Geistlichen an der Bettstatt des sterbenden Wucherers heraufbeschworen. Ob reumütig oder nicht, der Wucherer wird in den letzten Stunden seines Lebens auf das Parkett geführt, das schon für seinen Totentanz bereitet ist.

Hören wir nun von dem wuchertreibenden Bauern der Diözese Utrecht – Godescalc mit Namen –, dessen Geschichte Cäsarius von Heisterbach zu Ohren gekommen ist. Man ruft zum Kreuzzug in der Gegend, er aber spendet nur fünf Talente, obschon er vierzig [historische] Mark hätte geben können, ohne das Erbe seiner Kinder anzutasten. In einer Taverne sitzend verspottet er die Kreuzfahrer:

> »Ihr fahrt aufs Meer hinaus, gebt euer Hab und Gut her und setzt euch tausend Gefahren aus. Ich dagegen bleibe zuhause bei meiner Frau und meinen Kindern; für fünf Mark habe ich mir ein Kreuz gekauft, und der HERR wird es mir ebenso danken wie euch.« Eines Nachts hörte er in einer benachbarten Mühle ein Geräusch wie das Mahlen der Mühlsteine. Er schickte einen jungen Knecht hinüber, der nachsehen sollte, was sich dort zutrug. Der kam entsetzt zurück und sagte, er sei an der Schwelle der Mühle vor

Schrecken erstarrt. Also stand der Wucherer auf, ging hinüber, öffnete die Tür zur Mühle, in der sich ihm ein grauenvoller Anblick bot: Er gewahrte zwei schwarze Pferde und neben ihnen einen fürchterlichen, gleichfalls schwarzen Mann. Der sprach zu dem Bauern: »Spute dich! Komm' herein und steige auf das Pferd, das ich dir mitgebracht habe!« Unfähig zu widerstehen, gehorchte der Wucherer. Mit dem Teufel neben ihm zu Pferde durchritt er im Galopp die Tiefen der Hölle. Dort traf er seine Mutter und seinen Vater; und da waren viele, die er gekannt hatte und nicht an dieser Stätte vermutet hätte. Besonders erstaunte ihn der Anblick eines Burggrafen, den man für einen ehrenwerten Ritter gehalten hatte. Er saß verkehrt auf einer wildwütigen Kuh, die Sprünge vollführte wie toll und deren Hörner sich in seinen Rücken bohrten. Diese Kuh hatte der gute Ritter einer Witwe gestohlen. Schließlich erblickte er einen Stuhl aus Feuer, in dem zur Strafe zu sitzen die unendliche Züchtigung ohne Schonung bedeutete. Da sprach der Teufel zu ihm: »In drei Tagen wirst du hierher zurückkommen, und dieser Stuhl wird deine Strafe sein.« – Seine Familie fand den Wucherer ohnmächtig in der Mühle liegend, und sie trugen ihn in sein Bett. Da er sicher war, die Strafe erleiden zu müssen, die er gesehen hatte, lehnte er Beichte und Buße ab. So wurde er ohne Beichte, ohne letzte Wegzehrung und ohne letzte Ölung in der Hölle begraben.[26]

Auch Stephan von Bourbon erzählt von Wucherern, die einen schrecklichen Tod erlitten. Den folgenden Bericht verdankt er Nikolaus von Flavigny, Erzbischof von Besançon, der ihn in seinen Predigten erzählte:

Ein reicher Wucherer, der Gottes Gericht wenig fürchtete, lag nach einem guten Mahl des Nachts bei seinem Weibe; plötzlich stand er zitternd auf. »Was hast du?«, fragte ihn seine Frau. »Ich wurde gerade vor das Jüngste Gericht geführt, und ich hörte, wie man unzählige Klagen und

Anschuldigungen gegen mich vorbrachte. Ich war so überrascht, daß es mir nicht gelang, zu sprechen und um Auferlegung einer Buße zu bitten. Schließlich verurteilte mich der höchste Richter, den Teufeln übergeben zu werden, die noch heute kommen werden, um mich zu holen und mitzunehmen.« Er nahm einen Rock vom Haken – ein von einem Schuldner überlassenes und wenig wertvolles Pfand –, zog ihn über und verließ zum Leidwesen seiner Frau das Haus. Die Seinen folgten ihm und fanden ihn – fast irrsinnig – in der Kirche eines Klosters. Die Mönche lasen gerade die Nachtmesse und behielten ihn bis zur Sext bei sich, konnten ihn aber nicht bewegen, seine Sünden zu beichten, die Wucherzinsen zurückzuzahlen oder sich bußfertig zu zeigen. Nach der Messe verließ er die Kirche, um mit den Seinen nach Hause zu gehen. Sie gingen am Ufer eines Flusses entlang und sahen von ferne ein Schiff schnell flußaufwärts kommen; offenbar war niemand an Bord. Der Wucherer aber sagte, es sei voller Teufel, die ihn zu holen kämen. Seine Worte waren noch nicht verklungen, da ergriffen ihn die Teufel und zerrten ihn auf das Schiff; das Schiff machte kehrt und verschwand sogleich mit seiner Beute.[27]

So also sieht der Fliegende Holländer des ländlichen Wucherers aus.

Wieviele Wucherer werden wohl in der Truppe des Hellequin[28] gewesen sein, dieser Todesschwadron von gespenstischen Jägern, die in manchen Nächten, vom Licht des Mondes verzerrt, durch den Himmel fahren und die nächtliche Ruhe mit dem Begräbnisklang ihrer Jagdtrommeln aus dem Jenseits stören, die mit dem Raunen von Sünden und dem Schrecken unendlicher Irrfahrten schlotternde Angst in der Finsternis verbreiten?

Stürzen wir uns mit Stephan von Bourbon ins Grauen:

Man erzählte mir von einem todkranken Wucherer, der nicht zurückzahlen wollte und statt dessen anordnete, das Getreide seines vollen Speichers an die Armen zu verteilen.

> Als seine Knechte das Getreide holen wollten, fanden sie es in Schlangen verwandelt. Als das der reuige Wucherer erfuhr, gab er alle Wucherzinsen zurück und befahl, man sollte seinen nackten Leichnam den Schlangen vorwerfen, damit sein Körper auf Erden von den Schlangen verschlungen werde und seiner Seele im Jenseits nicht dasselbe widerfahre. Und es geschah. Die Schlangen fraßen seinen Leib und ließen nichts als die abgenagten Knochen übrig. Manche erzählten weiter, daß die Schlangen nach getaner Arbeit verschwunden seien und nur die weißen und nackten Knochen im Lichte liegenblieben.[29]

Das surrealistische Skelett eines Wucherers ...

Das Ende einer schwarzen Burleske von einem weiteren Wucherer, die Jakob von Vitry erzählt, nimmt sich realistischer aus:

> Ein rechtschaffener Priester hatte sich zu Recht geweigert, eines seiner Gemeindeglieder, einen Wucherer, zu begraben; dieser Wucherer hatte in seiner Todesstunde nichts zurückgezahlt. Diese Art von Pest darf wahrhaftig kein christliches Grab erhalten, denn sie verdienen keine bessere Schädelstätte als die Esel ... Doch da die Freunde des Wucherers sehr in ihn drangen, sprach der Priester zu ihnen, um ihrem Druck nachzugeben: »Laßt uns seinen Leichnam auf einen Esel legen und sehen, wohin Gottes Wille ihn führt: Wo der Esel den Leichnam auch hintragen mag, in eine Kirche, auf einen Friedhof oder anders wohin, dort will ich ihn begraben.« So legte man den Leichnam auf den Esel, der ihn, ohne rechts noch links abzuweichen, geraden Wegs aus der Stadt trug bis zum Schindanger, wo man die Diebe henkt; da schlug der Esel aus und warf den Leichnam auf den Misthaufen unter dem Galgen. Dort bei den Dieben ließ ihn der Priester liegen.[30]

Buñuel hat in seinem Film *Die Vergessenen* gezeigt, wie die zerschundenen Leichen der *olividados*, der Vergessenen, auf die

Müllkippe geworfen werden; der Wucherer aber ist ein Vergessener, der dieses Los verdient zu haben scheint.

Der typische Wucherer, den zuletzt nur die Ewigkeit in seinem Wesen ändern kann, ist aber jener, von dem uns Odo von Sully, 1196–1208 Erzbischof von Paris, berichtet:

> Einst gab es in Frankreich einen Wucherer, dessen Knecht hieß Tod und seine Magd Hölle. Als er plötzlich starb, hatte er keine Totengräber als Tod und Hölle.[31]

Geld und Leben: das Fegefeuer

Die Kirche und die weltlichen Herrscher sagten dem Wucherer: »Entscheide dich: Geld *oder* Leben.« Der Wucherer hingegen dachte bei sich, ich möchte »Geld *und* Leben.« Die unbußfertigen Wucherer, die es im Angesicht des Todes vorzogen, das unrechtmäßig erworbene Geld nicht zurückzuzahlen oder gar der Hölle spotteten, in die zu fahren man ihnen weissagte, dürften nur eine Minderheit gewesen sein. Man kann sich sogar die Frage stellen, ob es sich dabei nicht um von der kirchlichen Propaganda erfundene Wucherer handelt, die zum besseren Verständnis der kirchlichen Botschaft dienen sollten. Denn eine solche Verhaltensweise wäre nur durch Ungläubigkeit zu erklären, und der Ungläubige des 13. Jahrhunderts ist wohl eher eine Schulhypothese als eine wirkliche Person. Der unbußfertige Wucherer war wahrscheinlich entweder ein zu sorgloser Wucherer, der trotz kirchlicher Warnungen vom Tode überrascht wurde, oder ein optimistischer Wucherer, der mit der Barmherzigkeit eines Gottes rechnete, von dem er hoffte, er möge verständnisvoller als die Kirche sein.

Das 13. Jahrhundert ist das Zeitalter, in dem die Werte auf die Erde herniedersteigen. Sicherlich gab es auch vorher schon Männer und Frauen, die sich – von der Anziehungskraft irdischer Freuden zur Sünde verführt – auf die Suche nach den Gütern dieser Welt machten; doch diese lebten noch in einer nicht vollständig christianisierten Gesellschaft, in der die Religion vielleicht oberflächlich den Menschen und den Dingen ihr Gesetz aufzwingen konnte, aber nicht in aller Herz und Bewußtsein eindrang. Ein alles in allem tolerantes Christentum, das vom Klerus und zumal von den Mönchen – der »Elite der Heiligen«, denen allein der völlige Gehorsam gegenüber der Religion und ihren Werten auferlegt war – verlangte, für alle anderen Buße zu tun; das oberflächliche Christentum jener anderen akzeptierte der Klerus, vorausgesetzt, sie achteten die Kirche, ihre Glieder und Güter und taten von Zeit zu Zeit öffentlich Buße, die bei schweren Sünden spektakulär sein mußte: ein Christentum, das trotz einer inneren Suche nach Gott den Laien nur sehr beschränkt die Bändigung ihrer wilden Natur abverlangte. Denn die Laien waren Gewalttätige und Ungebildete, das waren Krieger voller Hoffart, die Mord und Totschlag, Raub und Verschleppung betrieben, das waren Tagelöhner und zumal Bauern, die sich kaum von den Tieren unterschieden, die ihren Begierden unterworfen waren; sie hatte Gott ausersehen, den beiden ersten Ständen der Gesellschaft zu dienen, wie Ham Japhet und Set dienen mußte.

Die Laien, das war die Welt der wilden Gewalt. Über diese Gewalt versuchte die Kirche, unterstützt von Herrschern und Königen, das Gesetz, das äußerliche Gesetz zu stellen. Man wandte auf Sünden einen festgesetzten Katalog von Bußübungen an, der von den Strafen heidnischer Gesetzgebung beeinflußt war. Man besserte nicht sein Wesen, man sühnte für einen Fehler. Das klösterliche Ideal war der *contemptus mundi,* die Verachtung und Ablehnung der Welt; dies jedoch war nur Sache der Mönche. Den Laien dagegen war Gott fern und die Welt nah und hart; und sie war mit ihren peinigenden Hungersnöten, Krankheiten und Kriegen im ganzen nicht sehr anziehend. Einzig die Mächtigen hatten Grund zur Freude und huldigten hin und wieder Gott, dem Garanten ihrer Macht. Den Mächtigen wie den Schwachen verkündete die Kirche, die Welt altere und stürze sich in den Ruin und man müsse sich also um sein Heil sorgen. Die meisten Laien aber dachten nicht daran: die Großen versuchten, die kurze verbleibende Zeit gut auszunutzen, die Kleinen trachteten danach, ein paar Krümel des Vergnügens von der Erde aufzulesen. Freilich gab es Gott und das Jüngste Gericht. Doch die Menschen konnten keinen engen Zusammenhang herstellen zwischen ihrem Leben und dem, was sie vor Gottes Gericht erwarten sollte. Dieser Gott schien den Göttern zu gleichen, die ihre Vorfahren lange Zeit angebetet hatten: Naturkräfte (Eichen, Quellen, von der Kirche zerstörte oder geweihte Felsen) und Götzenbilder, die von Priestern und Mönchen gestürzt und durch Kirchen und Statuen ersetzt worden waren. Dieser neue Gott war zwar ganz anders, doch die weltliche, oberflächlich christianisierte Masse huldigte ihm mit denselben Opfern oder auch neuen Gaben, die aber denen ihrer Vorfahren ähnelten. Die Mächtigen und Reichen gaben Ländereien, Geld, Goldschmuck, Naturalien; die Armen mußten sich bescheiden und überließen den Klöstern als Opfergabe einige ihrer Kinder. Da das Volk unterworfen war, forderte man von den Bauern, dem Großteil des Volkes, eine schwere Opfergabe: einen Teil ihrer Ernte, den Zehnten. Gott wurde auf Erden von seinen Heiligen und von der Kirche repräsentiert; ihnen hatten die Laien ihre »Geschenke« darzubringen.

Eine bedeutende Wandlung hin zu dem, was wir Feudalismus nennen, vollzog sich um das Jahr 1000. Sicher vermehrte das Feudalsystem Ungerechtigkeiten und Ungleichheiten, aber es gewährte den Volksmassen ein gewisses Maß an Sicherheit, woraus ein relativer Wohlstand erwuchs. Die Probleme der neuen Gesellschaftsordnung beschäftigten die Kirche. Einerseits versuchte sie, sich vom Drunter und Drüber des Jahrhunderts freizumachen, andererseits unternahm sie die Anstrengung, die Gesellschaft wahrhaft zu christianisieren. Das tat sie mit den herkömmlichen Mitteln der Mächtigen: mit Zuckerbrot und Peitsche.

Die Peitsche war der Satan. Aus dem fernen und tiefen Orient kommend, wurde er von der Kirche rationalisiert und institutionalisiert, und um das Jahr 1000 erfüllte er zufriedenstellend seine Aufgabe. Der Teufel war als Geißel Gottes, als General eines gut geführten Heeres von Dämonen und als Herrscher seiner Ländereien in der Hölle die Leitfigur der feudalen Einbildungskraft. Derweil Gott den Zugang zum Paradies ausschließlich einer Minderheit von Vollendeten und Heiligen gewährte, konnte der Teufel ein Jenseits ohne Hoffnung nurmehr einer Gesellschaft anbieten, die immer weniger nach dem strikt antagonistischen Modell von gut und böse, von schwarz und weiß dachte.

Die erbarmungslose und manichäische Gesellschaftsordnung des Hohen Mittelalters war nicht mehr zu ertragen. Die Massen drängten bei der Kirche auf *Frieden,* die Kirche forderte dasselbe von der Aristokratie und den Fürsten; diese versuchten ihrerseits sich an die Spitze dieser Bewegung zu stellen und sie sich zunutze zu machen (was in der Normandie etwa zum »Herzogsfrieden«, in Frankreich zum »Königsfrieden« führte). Nein, diese Erde konnte nicht nur ein Tal der Tränen und die Dämmerung der Apokalypse sein! Im Jahre 1000 entzückte sich der Kluniazensermönch Raoul der Kahle am neuen weißen Mantel der Kirche. Dies neue Gewand war nicht der Schnee des Winters, sondern das Sprießen des Frühlings. Das besser bearbeitete Land brachte größere Erträge. Maschinen (Pflüge mit Rädern und Streichbrettern, Webstühle, Mühlen); Werkzeuge (Eggen und Pflugscharen aus Eisen); Techniken (Zieh- und Pflegemethoden im Weinbau); Systeme von Nockenwellen, die gleichförmige Bewegungen in alternierende umwandelten; das Aufkommen einer Arithmetik, die die symbolischen Zahlen ersetzte und – nach Alexander Murray – um 1200 eine wahre Zählmanie auslöste: dies alles nannte man zwar nicht Fortschritt (darauf mußte bis zum 18. Jahrhundert gewartet werden), wurde jedoch als Wachstum empfunden. Die Geschichte, die stehen zu bleiben schien, nahm einen neuen Aufschwung, und das irdische Leben konnte, ja mußte der Beginn und die Lehrzeit des Aufstiegs zu Gott sein. Im Diesseits schon konnte sich die Menschheit retten, indem sie an Gottes Schöpfung mitarbeitete – denn wozu sonst sollte Gott die Welt, den Mann und die Frau geschaffen haben?

Das Zuckerbrot war das *Fegefeuer;* es wurde gegen Ende dieser großen Umwälzung geboren. Die Kirche begrüßte diese die ganze Gesellschaft ergreifende Umwälzung, wie in der Gregorianischen Reform zum Ausdruck kam.

In der ersten Phase dieser Wandlung lebte der Wucherer sehr schlecht. Der jüdische Wucherer, der von der christlichen Gesellschaft mehr und mehr zum Wucher getrieben wurde, litt unter der Zunahme des Antisemitismus, der in einer latenten Judenfeindlichkeit wurzelte; obgleich der jüdische Wucherer weder gegen jüdisches noch gegen christliches Gesetz verstieß, schürten die Kirche und die christlichen Fürsten in ihrem Kampf gegen den Wucher Ausbrüche von Antisemitismus. Der christliche Wucherer wählte sich von den im Ansehen steigenden irdischen Werten den am meisten verabscheuten, wenngleich faktisch mehr und mehr erstrebten aus: das Geld. Für mich stellt sich der christliche Wucherer nicht als Opfer, sondern als Mitschuldiger dar, der sein Vergehen mit der ganzen Gesellschaft teilt; diese Gesellschaft verachtete und verfolgte ihn zwar, bediente sich jedoch seiner und teilte seinen Hunger nach Geld. Die Heuchler aber sind den Schuldigen keineswegs vorzuziehen; in beiden Fällen ist ein gewisses Maß an Unbewußtsein keine Entschuldigung. Marx vermochte im »Kapital« den Anteil des Wuchers aufzuzeigen, der noch im Kapitalismus fortlebt.

Mit diesem Buch möchte ich genau zeigen, wie ein ideologisches Hindernis die Entwicklung eines neuen ökonomischen Systems behindern und verzögern kann. Ich glaube, man versteht dieses Phänomen besser, wenn man sich die Menschen, die Akteure genau ansieht, als wenn man lediglich die ökonomischen Systeme und Doktrinen untersucht. Jene noch immer anerkannte, überkommene Geschichte der Wirtschaft und des wirtschaftlichen Denkens zweifle ich an. Für das Mittelalter scheint sie mir um so weniger treffend, als seinerzeit weder die Kirche noch die wirtschaftlichen Denker eine ökonomische Doktrin hatten. Kirche, Theologen, Kanoniker und – nicht zu vergessen – Prediger und Beichtväter des Mittelalters haben mit ihrem Reden über religiöse Fragen – über die Sünde des Wuchers in unserem Falle – deutlich gemacht, welch großen Einfluß die Religion auf Phänomene hatte, die wir heute »ökonomische« nennen. Weil sie die Besonderheit der Verhaltensweisen und Mentalitäten im Mittelalter nicht berücksichtigen, haben – von glücklichen Ausnahmen abgesehen – Theorien der Ökonomie und Geschichten des modernen ökonomischen Denkens ein authentisches Verständnis der Vergangenheit verstellt und uns daher die Erhellung der Gegenwart durch die Vergangenheit unmöglich gemacht.

Ein großer Dichter wie Ezra Pound hat sich, in seiner Beschreibung des wucherischen 19. Jahrhunderts, der in die Vergangenheit gerichteten Imagination vielleicht zu sehr hingegeben. Niemand aber hat besser als er ausgedrückt, was Wucher und Wucherer geschichtlich wirklich waren.

Der Historiker hat andererseits – will er nicht dem Eklektizismus verfallen – kaum die Möglichkeit, eine befriedigende Erklärung zu finden, wenn er nach *der* einzigen und dominierenden Ursache sucht. Eine trübselige Nachkommenschaft des Marxismus ist an diesem reduktionistischen und abwegigen Glauben zugrundegegangen.

Das Heil des Wucherers hängt nicht nur vom Fegefeuer ab. Bevor ich dieses nach meinem Dafürhalten komplementäre, aber entscheidende Moment des Heilsversprechens darstelle, müssen die anderen Wege erläutert werden, die zur gesellschaftlichen Anerkennung des Wucherers führen.

Es sind derer zwei: die *Mäßigung* in der Praktik des Wuchers einerseits, das Aufkommen *neuer Werte* im Bereich wirtschaftlicher Aktivität andererseits.

In den Quellentexten wird der Wucher ohne Ausnahme verurteilt. Wie man weiß, setzen sich Prinzipien aber nur selten vollständig in der Wirklichkeit durch. Wucher und Zinsleihe sind zwei verschiedene Dinge, und die Kirche hat niemals sämtliche Formen der Zinsleihe untersagt. Im 13. Jahrhundert, dem Jahrhundert des unablässigen Zählens, hängt das Verhalten der Obrigkeit und der Gesellschaft dem Wucherer gegenüber weithin von der Höhe des aus der Wucherleihe erwirtschafteten Zinses ab.

Die Höhe der Zinserhebung wird zwar von der Kirche reglementiert (die im übrigen den Preis des *Marktes* zur Grundlage des *gerechten* Preises machte), richtete sich teilweise aber auch nach dem Gesetz von Angebot und Nachfrage; die Höhe des Zinsfußes ist dabei ein besonderer Gradmesser der wirtschaftlichen Aktivität. Gérard Nahon schreibt:

> Im allgemeinen kann man sagen, daß der Geldpreis in dem Maße sinkt, wie ein Land auf dem Weg der Entwicklung fortschreitet. In Österreich legte ein Privilegium von 1244 die Zinshöhe auf 8 Heller pro Woche fest, was einem Zinssatz von 74 % entspricht; dies verdeutlicht den Grad der Unterentwicklung dieses Landes.[1]

Tatsächlich scheint der Wucher gemeinhin nicht unterdrückt worden zu sein, wenn er den Zinssatz nicht überstieg, der in Verträgen üblich war, in denen Zinsnahme toleriert wurde. Der marktübliche Zinssatz wurde zwar anerkannt, aber in bestimmten Grenzen gehalten; so wurde der Zinsfuß einer Reglementierung unterworfen, deren Ausgangspunkt die Marktentwicklung war, dieser selbst indessen immer wieder Zügel anlegte. Wie hätte die Kirche sich da des Eingreifens enthalten können? Die Kirche fügte sich zwar der Aufteilung der gesellschaftlichen Macht, trachtete aber danach, sich möglichst umfassende Kontrollmöglichkeiten zu erhalten; darüber hinaus versuchte sie ernstlich, eine ihrer wesentlichen Aufgaben zu erfüllen: die Armen, mit denen sie sich identifizierte, zu schützen (obschon ihre Praxis in dieser Hinsicht nicht eben rigide war).

Die Kirche bewahrte auch das Gedächtnis der Vergangenheit. Denn sowohl das durch die byzantinisch-christliche Rechtsprechung Justinians übernommene römische Gesetz wie auch die heidnischen Gesetze des Hochmittelalters gestatteten einen jährlichen Zinssatz von 12 %, während zwischen dem Jahr 1000 und dem 13. Jahrhundert ein Zinsfuß von 33½ % der erlaubte Höchstsatz werden sollte. Es war dieser Höchstsatz, den die französischen Könige Ludwig VIII. (1223) und Ludwig der Heilige (1230, 1234) den jüdischen Wucherern auferlegten. Die an den großen Handelsplätzen Italiens im 13. Jahrhundert erhobenen Zinssätze waren häufig niedriger. In Venedig schwankten sie gewöhnlich zwischen 5 % und 8 %. Sie konnten aber auch Spitzenwerte erreichen, wie wir am Beispiel Österreichs gesehen haben. In Florenz lag der Zinssatz meistens zwischen 20 % und 30 %, konnte in Pistoia und Lucca aber bis zu 40 % steigen. Eine Erhebung Ludwigs des Schönen im Jahre 1284 deckte bei *lombardischen* Geldverleihern (die häufig Juden und Cahorsinern, also Wucherern gleichgesetzt wurden) Zinssätze von 34 % bis 266 % auf. Andererseits zeigt die ausgezeichnete Studie von R. H. Helmholz über den Wucher im England des 13. Jahrhunderts, daß sich der Zinssatz – bei einer Spanne von 5½ bis 50 % – in der großen Mehrzahl der Fälle zwischen 12 % und 33⅓ % bewegte.

Tatsächlich verdammen die offiziellen Texte nur die *übertreibenden* Wucherer. Das Dritte Laterankonzil von 1179 verlangt nur die Bestrafung »offenkundiger« (*manifesti*) und – wie man auch sagte – »allgemeiner« (*communes*) oder »öffentlicher« (*publici*) Wucherer. Dabei wird es sich wohl um Wucherer gehandelt haben, die von der *fama,* vom »Ruf«, vom öffentlichen Gerücht als »professionelle« Wucherer angesehen wurden; diese trieben nicht mehr nur gelegentlich und vor allem *übermäßig* Wucher.

Das Vierte Laterankonzil (1215), das erneut die von Juden erhobenen Wucherzinsen verurteilt, spricht nur von denen, die »gewichtig und übermäßig« (*graves et immoderates*) sind.

Im allgemeinen gleicht sich im kanonischen Recht die Verurteilung des Wuchers der Verurteilung des Übermaßes an, das bei Kaufverträgen mit dem aus dem römischen Recht übernommenen Ausdruck *laesio enormis,* »ungeheure Schädigung« angeprangert wird.

Dieser Begriff der *Mäßigung* ist nichts als ein Abkömmling des Ideals des *rechten Maßes,* das sich vom 12. bis zum 13. Jahrhundert, im Zuge der geschichtlichen Entwicklung und der Wiederentdeckung antiker Autoren durch die »Renaissance des 12. Jahrhunderts«, allgemein durchsetzt – in der Theologie (von Hugo von Saint-Victor bis zum Thomas von Aquin) wie in den Gebräuchen. Mitte des 13. Jahrhunderts lebt und lobt Ludwig der Heilige die goldene Mitte in allen Dingen: bei der Kleidung, bei Tisch, in der Frömmigkeit und im Krieg. Für ihn ist der ideale Mann der *prudhomme*[2], der sich vom Recken dadurch unterscheidet, daß er die Tapferkeit mit der Weisheit und dem *rechten Maß* verbindet. Der maßvolle Wucherer hat also Aussicht, durch die Maschen des Netzes zu schlüpfen, das ihm der Teufel auslegt.

Eine andere Aussicht besteht für ihn darin, daß das verbotene und verurteilte Teilgebiet seines Berufsfeldes immer mehr eingegrenzt wird. Die neuen Praktiken und Werte, die sich in dem Bereich entwickeln, den wir Ökonomie nennen, engen den Begriff des Wuchers stark ein. Die scholastische Tradition führt fünf *Entschuldigungsgründe* für die Zinsnahme an.

Die ersten beiden hängen mit dem Begriff der *Entschädigung* zusammen. Zunächst das *damnum emergens,* das unerwartete Auftreten eines Schadens aufgrund verspäteter Rückzahlung verliehenen Geldes. In einem solchen Falle ist es rechtens, Zins zu erhalten, der dann auch nicht als Wucher bezeichnet wird. Des weiteren das *lucrum cessans,* die Verhinderung eines statthaften größeren Gewinnes, den der Wucherer hätte erwirtschaften können, wenn er das zu Wucherzinsen verliehene Geld anderweitig noch einträglicher hätte anlegen können.

Der dritte und wichtigste – in den Augen der Kirche der triftigste – Entschuldigungsgrund liegt vor, wenn der Wucherzins als Lohn, als Vergütung für *Arbeit* (*stipendium laboris*) betrachtet werden kann. Diese Rechtfertigung war der Rettungsanker für die Magister der Universitäten und die nicht wuchernden Händler. Es ist ermüdend, die Wissenschaft zu lehren, und es setzt eine Lehrzeit und Methoden voraus, für die Arbeit verausgabt werden muß. Über Land und Meer zu fahren, Handelsplätze aufzusuchen, Geld zu wechseln und sogar die Bücher zu führen, ist gleichermaßen eine Tätigkeit, die wie jede Arbeit einen Lohn verdient.

Auf weniger augenscheinliche und vor allem weniger herkömmliche Art kann selbst der Wucherer arbeiten: nicht durch Verleih und Eintreibung von Geld, das sich – selbst nachts – widernatürlich und unablässig vermehrt; sondern vielmehr durch die Erwirtschaftung von Geld (das er dann nicht mehr zu Wucherzinsen verleihen soll) und durch den Gebrauch, den er von bereits erhaltenen Wucherzinsen macht. Sein schon vorhandenes Geld soll er nicht verschenken (was löblich, aber faul wäre), sondern es auf eine wirklich produktive Tätigkeit verwenden.

Die beiden letzten Entschuldigungsgründe schließlich beruhen auf einem relativ jungen Wert der christlichen Gesellschaft: dem *Risiko.* Freilich kannte man das Risiko als Wert schon vorher: das Risiko des Mönches, der sich wie der heilige Antonius in der Einsamkeit den gefährlichen Anfechtungen des Satans aussetzt; das Risiko des Kriegers, der wie Roland dem Tod die Stirn bietet, um Kirche und Glauben (und in der feudalen Gesellschaft seinen Herrn) zu verteidigen; das Risiko des Laien, der bereit ist, sein Leben und seine Habe auf den Wasser- und Landwegen einer

Pilgerfahrt oder vor allem eines Kreuzzuges zu opfern. Das neue Risiko ist wirtschaftlicher, finanzieller Natur und tritt in Gestalt der Gefahr auf, das verliehene *Kapital* zu verlieren (*periculum sortis*) und keine Rückzahlung zu erhalten – sei es der Zahlungsunfähigkeit oder der Böswilligkeit des Schuldners wegen. Der zweite Risikofall ist der interessantere (und wie der erste unter bestimmten Theologen und Kanonikern umstritten): die Erwägung der Unsicherheit (*ratio incertitudinis*). Mit diesem vom aristotelischen Denken (das nach 1260 in die Theologie und ins kanonische Recht eindringt) beeinflußten Begriff findet neben dem *Sicheren* auch das *Unsichere* Eingang in die wirtschaftliche Erwägung. Bei der Errichtung des Kapitalismus sollte diese Doppelerwägung eine wichtige Rolle spielen.

So hat eine wachsende Zahl von Wucherern Aussicht, vor der Hölle errettet zu werden, sei es durch eigene Mäßigung oder durch die Verschiebung ihrer Tätigkeit zu neuen Bereichen der erlaubten Zinsleihe. Doch zahlreiche Wucherer bleiben wegen ihrer Berufspraktiken, vor allem wegen der Gebrauchsdarlehen, von der Hölle bedroht. Denn auch sie unterliegen der religiösen Entwicklung, die sich das ganze 12. Jahrhundert hindurch vollzieht; auch sie erleben die Verunsicherung gegenüber den neuen Formen der Beichte, der Bußübungen und des Loskaufs von der Sünde. Konnte nicht die neuentdeckte Landschaft im Jenseits ihnen Aussicht auf das Heil eröffnen?

Ich kann hier nur in aller Kürze die Geburt eines neuen jenseitigen Ortes, des Fegefeuers, erwähnen, die Ende des 12. Jahrhunderts stattfindet. An anderer Stelle habe ich ausführlich darüber berichtet.[3] Das Christentum ererbt von der Mehrzahl der antiken Religionen ein doppeltes Jenseits der Belohnung und Bestrafung: das Paradies und die Hölle. Desgleichen übernimmt es die Idee von einem guten, aber gerechten Gott, einem Richter voller Barmherzigkeit und Strenge; er straft den Menschen und überantwortet ihn dem Genius des Bösen, dem Satan, wenn er das Maß an Willensfreiheit, das ihm von Gott gegeben ward, mißbraucht. Die Weiche zum Paradies oder zur Hölle wird nach Maßgabe der Sünden gestellt, die der mit der Erbsünde befleckte Mensch auf

Erden, dem Ort der Buße und der Prüfung, begangen hat. Die Kirche überwacht diesen Prozeß des Heils und der Verdammung mehr oder weniger, indem sie Ermahnungen und Warnungen ausspricht und durch die Praxis der Buße den Menschen die Sündenlast erleichtert. Der Urteilsspruch beschränkt sich auf die Entscheidung Paradies oder Hölle und wird beim Jüngsten Gericht von Gott (oder von Jesus) gefällt; er behält in alle Ewigkeit Geltung. Seit den ersten Jahrhunderten hofften die Christen, daß das Los der Toten nicht schon kurz nach ihrem Ableben unabänderlich entschieden werde, wie vor allem Grabinschriften bezeugen; sie hofften, daß Gebete und Opfergaben der Lebenden – die *suffragii* – den toten Sündern helfen könnten, der Hölle zu entkommen oder doch wenigstens bis zum letztgültigen Urteilsspruch des Jüngsten Gerichts sanfter behandelt zu werden als die Ärgsten, die schon endgültig zur Hölle verdammt waren.

Aber man hatte keine genaue Kenntnis dieses möglichen Vorgangs des Loskaufs nach dem Tode, und der Glaube an den Loskauf konnte sich – zumal der geographischen Unordnung der höllischen Orte halber – nie verfestigen, da man von keinem Sammelplatz wußte, an dem die Toten auf ihre Einweisung ins Paradies oder in die Hölle warteten. Die Autoren zahlreicher Erzählungen von tatsächlichen oder visionären Reisen ins Jenseits, auf denen sie von kundigen Führern begleitet wurden, bestimmen nie genau den Ort, wo die Toten Erlösung von den noch nicht vergebenen, aber läßlichen Sünden finden können. Bei den Begleitern auf diesen Reisen handelt es sich im allgemeinen um die Erzengel Raffael oder Gabriel, um einen großen Heiligen wie den Apostel Paulus oder bei Dante – im Zuge des Wiederauflebens der klassischen Kultur, nachdem das Fegefeuer bereits geboren war – um Vergil. Man neigte dazu, sich zwei Höllen vorzustellen: eine untere und – für die weniger Schuldigen – eine obere. Die Kirche beargwöhnte diese Geschichten, die die jüdische und christliche Apokalyptik beerbten und häufig sogar in die Nähe der Häresie kamen; sie waren von der »populären« Kultur mit ihrem »heidnischen« Geschmack beeinflußt, verbreiteten sich gleichwohl inmitten der klösterlichen Kultur.

Als im Laufe des Aufblühens des Abendlandes vom Jahr 1000 bis zum 13. Jahrhundert die Menschen und die Kirche jene vereinfachende Gegenüberstellung von Hölle und Paradies als unerträglich empfanden, waren die Bedingungen gegeben, einen dritten Ort des Jenseits zu bestimmen, wo die Toten für den Rest ihrer Sünden büßen sollten. Es taucht das Wort *purgatorium* auf, um diesen endlich bestimmten Ort zu bezeichnen: das *Fegefeuer*. Es entsteht, wie gesagt, im Zusammenhang der Verinnerlichung des religiösen Gefühls: Will der Sünder von der Absicht seiner Bußfertigkeit Zeugnis geben, muß er eine innere Wandlung vollziehen und nicht sichtbare Handlungen ausführen. Das Fegefeuer paßt sich außerdem in eine religiöse Sozialisation ein, die mehr auf verschiedene soziale oder berufliche Schichten einwirkt als etwa auf Ordensglieder. Und schließlich ist die Geburt des Fegefeuers abhängig von der allgemeinen Tendenz, das – einem reduktionistischen Dualismus geschuldete – Aufeinanderprallen zweier Pole zu vermeiden: des Guten und des Schlechten etwa, oder des Oben und des Unten. Diese Tendenz wird von den Mittleren, den Zwischenformen unter den Sündern vorangetrieben, die – entgegen der augustinischen Unterscheidung – weder ganz und gar gut noch ganz und gar schlecht waren und im Moment des Todes weder der Hölle noch dem Paradies geweiht waren. Wenn sie vor dem Tode ernstlich bereuten und lediglich noch mit läßlichen Sünden oder mit Resten von bereuten, aber noch nicht vollends gesühnten Todsünden belastet sind, werden sie nicht auf ewig verdammt, sondern nur auf Zeit. Sie verbringen eine bestimmte Zeitspanne an einem Ort, Fegefeuer genannt, wo sie vergleichbare höllische Strafen erleiden, die Teufel an ihnen vollziehen.

Die Dauer dieses schmerzhaften Aufenthalts hängt nicht nur von der Menge der im Augenblick des Todes noch nicht gebüßten Sünden ab, sondern auch von der Liebe der Anverwandten. Diese Anverwandten umfassen Blutsverwandte wie Berufs- oder Gesinnungsverwandte: Gilden, denen der Tote angehörte; religiöse Orden, denen er Spenden zukommen ließ; Heilige, die er besonders verehrte. All diese Anverwandten können den Aufenthalt des Toten im Fegefeuer durch Gebete, Opfergaben und Fürsprache verkürzen helfen. So wächst die Solidarität der Lebenden mit den Toten.

Im Fegefeuer wird gewissermaßen die Lebensgeschichte der Toten verlängert, wie Philippe Ariès und Pierre Chaunu richtig schreiben. Vor allem können die Toten sicher sein, daß sie am Ende ihrer Läuterungsprüfungen gerettet und ins Paradies eingehen werden. Tatsächlich gibt es aus dem Fegefeuer *nur einen Ausgang:* den zum Paradies. Denn die Entscheidung ist bereits gefallen, wenn der Tote ins Fegefeuer geschickt wird. Er weiß, daß er zuletzt – spätestens beim Jüngsten Gericht – errettet wird.

Die Folge der Geburt des Fegefeuers ist eine extreme Dramatisierung der Todesstunde und des Todeskampfes. Denn unmittelbar nach dem Tod hält Gott über jeden *einzeln* Gericht und fällt das große Urteil: Paradies, Hölle oder Fegefeuer. Ein individualisierter und verantwortlicher Toter wird individuell abgeurteilt. Der Todeskampf des Wucherers ist daher besonders beängstigend: als Angehöriger eines nach wie vor unerlaubten Berufszweiges und als Individuum ist er ein lebender Verdammter, der dem Schlund der Hölle immer näher kommt. Wird er sich im letzten Moment retten? Eine gräßliche Spannung.

Die Entdeckung des Fegefeuers war weder ein bewußter Akt, noch hatte sie zum Ziel, die Hölle zu entvölkern. Aber just dies schien die praktische Tendenz dieser Entdeckung zu sein. Um gegen eine gewisse Laxheit anzukämpfen, betonte die Kirche im 13. Jahrhundert den höllischen Charakter der Strafen des Fegefeuers, ohne hingegen einen anderen Ausgang aus dem Fegefeuer, als den zum Paradies, einzuführen.

Ist der Wucherer aber nicht ein »durch und durch Schändlicher«? Im letzten Kapitel seines *Dialogus miraculorum* führt der Zisterzienser Cäsarius von Heisterbach um 1220 eine ganze Reihe von *Exempla* an, die von Toten erzählen, die ungefähr zu gleichen Teilen in der Hölle, im Paradies und im Fegefeuer verteilt sind. In einer Ecke des Fegefeuers gewahren wir plötzlich das Unerwartete und Unerhörte: einen Wucherer.

Mönch: Vor nicht langer Zeit starb in Lüttich ein Wucherer.

Der Bischof verweigerte ihm den Friedhof. Da ging seine Frau zum Heiligen Stuhl, um zu erflehen, daß er in heiliger Erde begraben werde. Der Papst lehnte ab. Sie aber sprach folgendermaßen für ihren Mann: »Steht nicht geschrieben, Hochwürden, daß Mann und Frau ein Fleisch sind, und daß, wie der Apostel sagt, der ungläubige Mann von seiner gläubigen Frau errettet werden kann? Was mein Mann säumte zu tun, werde ich – die ich von seinem Fleisch bin – statt seiner tun. Ich will gerne für ihn zur Klausnerin werden und für seine Sünden vor Gott Buße tun.« Der Papst gab schließlich den Bitten der Kardinäle nach und hieß den Toten auf dem Friedhof zu begraben. Seine Frau nahm ihren Wohnsitz neben dem Grabmal ihres Mannes, zog sich in Klausur zurück und trachtete Tag und Nacht, um des Heils ihres Mannes willen, Gott mit Almosen, Fasten, Beten und Wachen zu besänftigen. Und als sieben Jahre vergangen waren, erschien ihr in schwarzen Gewändern ihr Mann und dankte ihr: »Gott hat dich erhört, denn dank deiner Prüfungen wurde ich aus den Tiefen der Hölle und von den schrecklichsten Qualen befreit. Wenn du mir noch weitere sieben Jahre solche Dienste erweist, werde ich ganz erlöst werden.« So tat sie. Und nach sieben Jahren erschien ihr Mann von neuem, in weißen Gewändern und mit strahlendem Antlitz. »Dank sei Gott und Dank sei dir«, sagte er, »denn heute bin ich erlöst worden.«

Novize: Wie kann er sagen, er sei heute aus der Hölle befreit worden, wo es von diesem Ort doch keine Erlösung geben kann?

Mönch: Die Tiefen der Hölle, das bedeutet die Hitze des Fegefeuers. Desgleichen, wenn die Kirche für die Verstorbenen betet »Herr Jesus Christus, König der Ehre, erlöse die Seelen der verstorbenen Gläubigen aus den Klauen der Hölle und den Tiefen des Abgrunds, etc.«, so bittet sie nicht für die Verdammten, sondern für die, die errettet werden können. Die Klauen der Hölle und die Tiefen des Abgrundes, das bedeutet hier die Hitze des Fegefeuers. Was unseren Wucherer anbelangt: er wäre nicht von seinen Qualen erlöst worden, wenn er zuletzt nicht doch bereut hätte.[4]

Dies also ist die Geschichte vom spukenden Wucherer.

Im Fegefeuer werden die spukenden Seelen auch gewissermaßen vorsortiert. Geister, denen Gott eine kurze Rückkehr zur Erde erlaubt oder befiehlt, sollen von der Existenz des Fegefeuers zeugen und ihre Angehörigen auffordern, durch ihre inständige Fürbitte ihre Erlösung zu beschleunigen; so der Wucherer von Lüttich. Solchen Geistern muß man gehorchen. Geister dagegen, die ohne Gottes Auftrag auf die Erde kommen, muß man verjagen; doch kann ihr schlimmes Los zur Belehrung dienen. So verhält es sich mit einem wuchernden Ritter, von dem uns wieder Cäsarius von Heisterbach berichtet:

> Ein Ritter, der seine Güter durch Wucher erworben hatte, vermachte, als er starb, die Erbschaft seinem Sohn. Eines Nachts kam der tote Ritter und klopfte laut an die Tür seines Hauses. Ein junger Knecht kam herbei und fragte ihn, warum er klopfe. Er nannte seinen Namen und antwortete: »Lasse mich herein, ich bin der Lehnsherr dieses Guts.« Der Knecht schaute durch den Türspalt, erkannte ihn und antwortete: »Aber mein Herr ist ja tot, ich werde euch nicht hereinlassen.« Der Tote klopfte weiter, doch ohne eingelassen zu werden, und sagte schließlich: »Bringe diese Fische, von denen ich mich nähre, zu meinem Sohn, ich hänge sie an seine Tür.« Und als sie am nächsten Morgen vor die Tür traten, fanden sie einen Korb voll Kröten und Schlangen. Das nämlich ist die Speise der Hölle, und man kocht sie auf Feuer von Schwefel.[5]

Natürlich gibt es für den Wucherer ein Mittel, der Hölle und selbst dem Fegefeuer zu entgehen, nämlich durch Rückzahlung. Das unterstreicht Stephan von Bourbon, wenn er schreibt:

> Der Wucherer, der der Verdammnis entkommen will, muß

> unrecht erworbenes Geld durch Rückzahlung und seine Verfehlung in der Beichte *wiedergeben* [der Ausdruck ist sehr stark: *evomat,* durch Ausspeien wiedergeben], andernfalls er sie in der Hölle durch Bestrafung *wird wiedergeben* müssen [durch Ausspeien, *evomet,* was wahrscheinlich in diesem Falle wörtlich zu verstehen ist].[6]

Rückzahlung im Zeitlichen und Beichte im Geistlichen lautet also die Forderung. Aber man muß vollständig und noch beizeiten zurückzahlen. Doch es gibt viele Wucherer, die zögern und säumig sind, bis es endlich zu spät ist; und überdies ist die Rückzahlung nicht immer ganz leicht zu vollziehen. Das Opfer des Wucherers etwa kann gestorben und seine Nachkommen unauffindbar sein; oder das durch Wucher erwirtschaftete Geld kann nicht beigebracht werden, weil es ausgegeben oder für einen Kauf verwandt wurde, der nicht mehr annulliert oder rückgängig gemacht werden kann. Wucherzinsen erwachsen aus vergehender Zeit. Der Wucherer hat Zeit verkauft und gestohlen; das kann ihm nur verziehen werden, wenn er den entwendeten Gegenstand zurückgibt. Kann man Zeit zurückgeben oder wiederbringen? In die zeitliche Dimension der wirtschaftlichen Praxis verwickelt, kommt es den Menschen des Mittelalters hart an, die Zeit, die ohnedem schnell genug verstreicht, auch noch wiederbringen zu müssen.

Das Problem verschärft sich vor allem dann, wenn der Wucherer Frau und Kinder hinterläßt. Diese Frage beunruhigt Theologen und Kanoniker zutiefst.

Hier tritt die letzte und wichtigste Figur auf, die *Frau* des Wucherers, die bald die *Witwe des Wucherers* sein wird.

Thomas von Chobham sagt dazu folgendes:

> Was soll man zu der Frau eines Wucherers sagen, der keine anderen Einkünfte als Wucherzinsen hat? Soll sie ihn wegen seiner geistigen Unzucht, die nicht wieder gutzumachen ist, verlassen, oder bei ihm bleiben und vom Zinsgeld leben?
>
> Darüber gibt es zwei Ansichten.
>
> Die einen sagen, sie soll von ihrer Hände Arbeit leben,

Teufel bearbeiten einen Wucherer. Bildausschnitt aus dem Gemälde *Weltgericht* von Stefan Lochner. Köln, Wallraf-Richartz-Museum. (Bildarchiv Foto Marburg)

> wenn sie ein Gewerbe erlernt hat, oder vom Geld ihrer Freunde. Wenn sie weder Freunde noch ein Gewerbe hat, kann sie ihren Mann auch verlassen, um nicht mit ihrem Geiste und Körper Unzucht zu treiben. Denn einem solchen Ehemann schuldet sie nicht den Dienst des Leibes, sie wäre denn wie eine Götzendienerin, denn die Habgier [*avaritia*] ist ein *Götzendienst* (Epheser 6, 5).
>
> Andere aber sagen, daß sie eher dem HERRN nacheifern soll, der sich mit Sündern und Dieben zu Tisch setzte, die ihm doch nur zu essen gaben, was sie von anderen gestohlen hatten; ER aber machte sich zum Anwalt der Armen und überredete die Diebe, zurückzugeben, was sie gestohlen hatten, und saß also als Gerechter mit ihnen zu Tisch. Desgleichen kann die Frau eines Wucherers ihren Mann überzeugen, die Wucherzinsen zurückzuzahlen oder von den Armen weniger Zinsen zu nehmen [*vel minores accipiat a pauperibus*]. Wenn sie sich für die Schuldner einsetzt und sich zu ihrem Anwalt macht, kann sie als Gerechte von deren Zinsen leben.

Man beachte hier besonders die Anspielung auf gemäßigte Wucherzinsen, auf den »kleinen« Wucher, der ganz offenkundig toleriert wird.

Beim folgenden Text geht es um die Kinder eines Wucherers:

> Nehmen wir an, es sei jemand, der nichts anderes besitzt, als was er durch Wucherzinsen erhalten hat, und der sich bußfertig zeigt. Wenn er zurückzahlt, was er besitzt, müssen seine Töchter zu Dirnen und seine Söhne zu Räubern werden, er selbst wird betteln müssen und seine Frau ihn verlassen. Könnte die Kirche ihm da nicht einen solchen Rat geben, daß er nicht alles zurückzahlen muß? Wir meinen, es wäre ein guter Ratschlag, wenn man ihm sagte, er solle seine ehemaligen Schuldner bitten, ihm zu erlassen, was er ihnen zurückzahlen müßte. Wird ihm diese Gnade nicht zuteil, so glauben wir, daß auch der Wucherer – wie jeder Mensch,

> der in äußerster Not vom Gut anderer leben darf, um nicht zu sterben – in einer solchen Notlage von seinem Wuchergeld etwas behalten darf, um davon zu leben; vorausgesetzt, er hat wirklich die feste Absicht zurückzuzahlen, wenn er kann, und lebt in strengster Sparsamkeit.[8]

Hier gilt es, besonders auf den Wert der *Absicht* des Wucherers und auf die mögliche *Notlage* hinzuweisen, die die Praxis des Wuchers entschuldigen können.

In all diesen Erzählungen, in denen es um das Ewigkeitslos des Wucherers geht, spielt die Frau eine große Rolle. Sie muß versuchen, ihn zu überzeugen, sein verfluchtes Metier aufzugeben und das Geld, das ihn zur Hölle fahren macht, zurückzuzahlen. In den *Exempla* folgen viele Frauen von Wucherern diesem Verhaltensmuster. Im allgemeinen wird die Frau des Wucherers als ergreifende und bemerkenswerte Figur dargestellt; sie ist eine Verwandte jener balzacschen Frauenfiguren, die im Schatten halsabschneiderischer Ehemänner oder Väter stehen und bisweilen so terrorisiert werden, daß sie die Männer weder anzusprechen noch gar zu tadeln wagen und nur insgeheim im Gebet um Erbarmen für die Schändlichkeit des Mannes flehen.

Das Frauenbild der Kirche ist seit jeher ein doppeltes. Bald verurteilt sie die Frau als Eva, die Adam in Versuchung führt, bald setzt sie in sie ihre Hoffnungen, um teuflischen Ehemännern Einhalt und Umkehr zu gebieten.

Doch im Innern der kirchlichen Tradition vollzieht sich eine Wandlung: die Rolle der Frau und des Mannes in der Ehe werden einander angeglichen, ebenso die Bilder von Mann und Frau, die Kirche und Gesellschaft haben und verbreiten. In diesem Augenblick des allgemeinen Wandels verändert sich auch – wie Georges Duby und andere glänzend gezeigt haben – die Konzeption und die Praxis der Ehe; die Frau scheint – ohne ins Detail zu gehen – Nutznießerin dieses Wandels zu sein. Das kirchliche Modell von der Ehe wandelt sich: Der monogame und unauflösliche Lebensbund erhält den Status eines Sakraments; er soll auf dem *gegenseitigen* Einverständnis der Eheleute und dem geteilten fleischlichen

Bedürfnis gründen; seine vertragliche Festsetzung bietet der Frau ein höheres Maß an Mitbestimmung und Schutz. Ist es nicht beispielhaft für das »neue« Paar, daß die Frau des Wucherers von Lüttich stolz dem Papst die kirchliche Definition der Ehe in Erinnerung ruft und den Apostel Paulus mit den Worten »Mann und Frau sind ein Fleisch« zitiert? Die Kirche, die sich in einer allgemeinen Reform befindet, zögert noch, aus den überkommenen Gesetzen irgend etwas zu übernehmen, was eine gemeinsame Verantwortlichkeit begründen könnte. Das Geld, das der Ehemann durch Wucherzinsen in der Ökonomie der Gesellschaft verdient hat, wird zum Geld des Ehepaars erst durch seine Verwendung in der Ökonomie des Hauses und der Familie. Wie kann man den Ehemann strafen, ohne seine Frau zu strafen? Das *Exemplum* des Wucherers von Dijon gibt eine imaginäre und treffende, auf das tägliche Leben aber kaum anwendbare Antwort. Denn die herabfallende Statue tötet den wuchernden Ehemann und verschont die Frau, bevor noch die Ehe vollzogen ist.

Der Geldwechsler und seine Frau. Gemälde von Quentin Massys.
Paris, Louvre. (Bildarchiv Foto Marburg)

»Auch das Herz hat seine Tränen«

Folgen wir auf dem Weg des Heils nun der Frau des Wucherers von Lüttich; auch sie ist ein Grenzfall, weil sie, nachdem sie stolz ihre Ehe verteidigt und ihren wuchernden Ehemann erlöst hat, als Anerkennung und Aufmunterung nichts anderes erhält als die Dankbarkeit eines Geistes und die Vision einer systematischen *Arithmetik* des Fegefeuers, die obendrein recht grob dargestellt ist. Der Leib des Gespenstes dient als Gradmesser in Schwarz und Weiß, der die im Fegefeuer verbrachte Zeit anzeigt. In anderen Texten erscheint der Tote, der die Hälfte der Bußzeit im Fegefeuer verbracht hat, mit weißem Oberkörper und schwarzen Beinen. Eine Hälfte schwarz, die andere weiß: Es ist Halbzeit.

Hören wir von einer anderen, bescheideneren Frau eines Wucherers:

> Man erzählte mir von einer guten Frau, die mit einem Wucherer verheiratet war. Sie bat ihn inständig zurückzuzahlen und zu einem Armen in Christi zu werden anstatt reich und des Teufels zu bleiben. Er aber wies sie zurück. Als er jedoch plötzlich von seinem Landesherren gefangengesetzt wurde, konnte er sich nur durch das Geld freikaufen, das er durch Wucher erworben hatte. Man ließ ihn frei, aber seine Frau weinte bitterlich. »Nun bin ich arm, wie du es wolltest«, warf er ihr vor. »Ich weine nicht, weil du arm bist«, antwortete sie, »sondern weil das Geld verloren ist, das wir hätten zurückgeben müssen: nun wird die Sünde an uns haften bleiben, die wir durch Rückzahlung und Reue hätten auslöschen müssen.«[1]

Es kommt im übrigen häufig vor, daß die Bemühungen der Ehefrau vergeblich sind. Kommen wir noch einmal auf die Geschichte vom wuchernden Bauern aus der Diözese Utrecht zurück. Als er in die benachbarte Mühle tritt, führt ihn der Teufel zu dem Stuhl, der für ihn in der Hölle bereit steht; doch Godescalc bereut nicht. Das genaue Ende der Geschichte nach Godescalcs Rückkehr von seiner Reise in die Hölle lautet wie folgt:

> Ein in aller Eile von der Ehefrau des Bauers herbeigerufener Priester sollte den Furchtsamen und Verzweifelten beruhigen und trösten, und ihn auf den Weg des Heils zurückführen; der Priester forderte ihn auf, seine Sünden zu bereuen, ernstlich zu beichten und nicht an der Gnade Gottes zu verzweifeln.[2]

Doch der Wucherer widersetzt sich angesichts unausweichlicher Verdammnis der Reue, der Beichte und sogar der letzten Ölung und wird in der Hölle begraben. Aber seine Frau gibt nicht auf:

> Der Priester verweigerte dem Wucherer eine kirchliche Grabstätte, doch die Witwe bestach ihn und ließ ihren Mann auf dem Friedhof begraben. Aus diesem Grunde wurde der Priester von der Synode zu Utrecht bestraft.[3]

Um nicht in einen frommen Glauben an das Verhalten von Wuchererwitwen zu verfallen, müssen wir auch erwähnen, daß es deren »schlechte« gab. Jakob von Vitry erzählt die Geschichte eines durch Wucherzinsen ruinierten Ritters; er ließ den Wucherer einsperren, der ihn ausgenommen hatte, heiratete dessen »Witwe« und kam dank ihrer in den Genuß der »hinterlassenen« Reichtümer.

Stephan von Bourbon berichtet vom Verhalten der Frau eines Wucherers von Besançon:

> Er wollte in seinen letzten Augenblicken weder ein Testament ablegen noch Almosen geben, sondern vermachte alles seiner Frau. Kaum war der Wucherer gestorben, da heiratete seine Witwe einen seiner Feinde. Das warf ihr eine ehrbare

> Frau vor und sagte, daß ihr Mann in seinem Grabe noch warm sei. »Wenn er noch warm ist, so blaset doch«, antwortete sie. Dies waren die Almosen, die sie für die Seele ihres Mannes gab.[4]

Das traditionelle System des Loskaufs von Sünden, in das sich der Wucherer zu Lebzeiten und selbst noch in der Todesstunde einfügen konnte, umfaßte Beichte, Reue (Bußfertigkeit) und Genugtuung (Bußübung). Im Falle des Wucherers bestand die Bußübung in der Rückzahlung. Indessen stellte die Vorstellung von Sünde und Buße, die sich vom 12. bis zum 13. Jahrhundert durchsetzte, die *Bußfertigkeit* mehr und mehr in den Vordergrund. Durch den nahenden Tod zur Eile getrieben und durch Teufelswerk am Sprechen und also am Beichten gehindert, konnte sich der Wucherer, der nicht mehr die Zeit zur Rückzahlung gefunden hatte, durch ernstliche Bußfertigkeit retten. Nur Gott allein kannte die Wahrheit, und er tat sie bisweilen durch ein Zeichen auf Erden kund. Warum sollte dem Wucherer im Fegefeuer – an sich schon eine harte Probe – seine Bußfertigkeit nicht gutgeschrieben werden; denn ins Fegefeuer führte seine Bußfertigkeit ohne Bußübung ohnedies.

So erging es dem Wucherer von Lüttich, der weder gebeichtet noch zurückgezahlt hatte. Seine Frau bezahlte – abgesehen von Almosen – mit ihrer Person, nicht mit ihrem Geld. Er mußte sich also notwendigerweise »zuletzt bußfertig gezeigt« haben, wie das *Exemplum* Cäsarius' von Heisterbach folgert.

Der Versuch, den Wucherer bußfertig zu machen, kann mißlingen. Das zeigt die Geschichte vom Fehlschlag des heiligen Dominikus und von der betrügerischen letzten Bußfertigkeit eines Wucherers. Stephan von Bourbon erzählt:

> Ich las im Buche eines alten Bruders, wie der heilige Dominikus einstmals von mehreren Seiten gebeten wurde, in der Lombardei einen Gesetzesmann, großen Advokaten und Wucherer zu besuchen, der schwer erkrankt war. In Gegenwart eines Priesters forderte er ihn auf, die Wucherzinsen

zurückzugeben. Doch er weigerte sich und sagte, er wolle seine Söhne und Töchter nicht in Armut zurücklassen. Da zogen sich der heilige Dominikus und die anderen zurück und nahmen den Leib Christi wieder mit sich fort. Bestürzt bedrängten ihn seine Freunde, zu versprechen [sich bußfertig zu zeigen], bis er die Beichte abgelegt habe, damit er eine christliche Grabstätte finde. Er versprach es, doch wollte er sie betrügen. Als aber alle gingen, nachdem er die Kommunion erhalten hatte, begann er zu schreien, sein ganzer Körper brenne und er habe die Hölle in seinem Mund: »Ich brenne lichterloh.« Er hob seine Hand und rief: »Seht, wie sie lodert«, und so all seine Glieder. So starb er und wurde von den Flammen verzehrt.[5]

Im folgenden hingegen gelingt es einem geschickten Beichtvater, einen Wucherer und einen Mörder zu Bußfertigkeit und Bußübung zu bringen.

Ein Priester der Kirche Sankt Martin zu Köln nahm in der Karwoche gerade einer kleinen Alten die Beichte ab, als er zwei Gemeindeglieder gewahrte, die an einem Fenster saßen und schwatzten. Der eine war ein Wucherer, der andere ein Mörder. Da ging die kleine Alte, und der Wucherer kam zu beichten. Der Priester sprach zu ihm: »Mein Freund, heute werden wir, du und ich, den Teufel hinters Licht führen. Du mußt mir nur deine Sünden beichten, dem Willen abschwören, weiter zu sündigen und meinen Rat befolgen, und ich will dir das ewige Leben versprechen. Ich werde deine Bußübung mindern, damit sie dir nicht zu schwer wird.« Denn er wußte wohl um dessen Lasterhaftigkeit. Der andere antwortete: »Wenn, was du mir versprichst, wahr ist, folge ich gerne deinem Rat.« Und der Priester versprach es ihm. Da beichtete der Wucherer und schwor dem Wucher ab, er nahm eine Bußübung an und sagte zu seinem Freund, dem Mörder: »Wahrlich, wir haben einen freundlichen Priester, seine mitleidigen Worte haben mich dazu gebracht, eine

> Bußübung anzunehmen.« Das stachelte den anderen so an, daß auch er ging, um zu beichten; der Priester brachte ihm das gleiche Mitleid entgegen, und so nahm der Mörder die Bußübung an und führte sie aus.[6]

Diese rührselige Geschichte bringt immerhin den Willen zum Ausdruck, den Wucherer um den Preis gewisser Nachsicht zu retten.

Doch derselbe Cäsarius bemerkt, daß es schwer ist, den Wucherer zu erretten, und daß der Wert der Reue ohne Rückzahlung zweifelhaft ist.

> Er ist sehr schwer zu bessern, denn Gott löscht das Vergehen nicht aus, wenn der gestohlene Gegenstand nicht zurückgegeben wird. Der Unzüchtige, der Ehebrecher, der Mörder, der Eidbrüchige, der Gotteslästerer, sie alle erfahren Gottes Nachsicht, wenn sie ihre Sünde bereuen. Doch selbst der Wucherer, der seine Sünden bereut, erfährt solange nicht Gottes Nachsicht, wie er Wucherzinsen behält, obgleich er zurückzahlen könnte.[7]

Als fragwürdiger Reuiger ist der sterbende oder eben gestorbene Wucherer bisweilen Gegenstand eines erbitterten Kampfes zwischen Engeln und Teufeln. Ein alter Benediktinermönch aus Sachsen erzählt Cäsarius von Heisterbach von einem sehr reichen Wucherer, der die Schätze mehrerer Kirchen als Pfand hatte. Eines Tages wurde er sterbenskrank. Er ließ einen Verwandten, einen Benediktinerabt, zu sich kommen und sagte ihm, er könne sein Hab und Gut nicht mehr ordnen und die erhaltenen Wucherzinsen nicht zurückgeben. Wenn er seine Seele vor Gott rechtfertigen und ihm die Absolution für seine Sünden versprechen wolle, würde er ihm seine ganze Habe – bewegliche wie unbewegliche – vermachen, so daß er nach seinem Gutdünken damit verfahren könne. Der Abt sah, daß der Mann wahrhaft bußfertig war und wirklich bereute. Er ging zu seinem Bischof und fragte ihn um Rat; der legte ihm nahe, vor Gott für die Seele des Wucherers zu bürgen und dessen Vermögen unter der Voraussetzung an sich zu nehmen, daß er die Kirchenschätze seiner Kathedrale zurückgebe. Der Abt eilte zu dem Sterbenden zurück und berichtete ihm. Der Kranke sagte: »Lasse Karren anspannen und lade alles auf, was ich habe, und nimm zum Schluß mich mit.« Er besaß zwei Truhen voll Gold und Silber, eine Unmenge verschiedenen Goldschmucks, Bücher und Ornamente, die er als Pfand genommen hatte, dazu viel Getreide, Wein und Wäsche und riesige Herden. Als alles ausgeräumt war, ließ der Abt den Kranken in eine Sänfte heben und eilte zum Kloster. Doch kaum hatte er die Pforte des Klosters durchschritten, da starb der Kranke. Der Abt, der sein Gelübde nicht vergessen hatte, zahlte – so gut er konnte – die Wucherzinsen zurück und spendete für die Seele des Wucherers viele Almosen; den Rest des Vermögens übergab er den Mönchen zu ihrer Verfügung. Der Leichnam wurde in einer Kapelle aufgebahrt und von singenden Chören umgeben. Als die Nacht hereinbrach, sahen die singenden Brüder, wie vier schwarze Geister erschienen und sich zur Linken des Sarges niederließen. Vor diesem Anblick flohen – bis auf einen alten Bruder – entsetzt sämtliche Mönche. Da erschienen plötzlich vier Engel und setzten sich rechts neben den Sarg, genau den Dämonen gegenüber. Die Teufel stimmten den 35. Psalm Davids an, in dem Gott verspricht, die Ungerechtigkeit zu strafen, und sagten: »Wenn Gott gerecht ist und seine Worte wahr, so ist dieser Mann unser, denn er ist all dieser Vergehen schuldig.« Die heiligen Engel antworteten: »So ihr den Psalm Davids anführt, dann gehet bis zu Ende. Denn wo ihr einhaltet, fahren wir fort.« Und sie sangen den Vers des Psalmisten, wo die Rede ist von der unergründlichen Gerechtigkeit Gottes und von seiner Barmherzigkeit und dem Versprechen, daß

> »Menschenkinder unter dem Schatten deiner Flügel Zuflucht haben«. Denn weil Gott gerecht ist und die Schrift wahr, gehört dieses Menschenkind uns, und es wird bei Gott Zuflucht finden, weil es auf die Schatten seiner Flügel gehofft hat. Wer sich getränkt hat mit den Tränen der Buße, der wird getränkt werden mit der Wonne seines Hauses …

Vor den Augen der verwirrten und stummen Teufel hoben die Engel die Seele des reuigen Sünders zum Himmel empor, wie Jesus sagte: »Es wird Freude sein vor den Engeln Gottes über einen Sünder, der Buße tut.« [Lukas 15, 10][8]

Diese Geschichte Cäsarius' von Heisterbach aus dem Buch »Von der Bußfertigkeit« veranschaulicht, was Bußfertigkeit vermag: Sie führt *in extremis* einen Wucherer, der nicht einmal das Fegefeuer durchlitten hat, direkt ins Paradies; die Bußübungen des Wucherers übernimmt ja zu großen Teilen der Abt, dessen Kloster (als rechtmäßige Zinsen?) einen kleinen Teil des Vermögens des Wucherers erhält.

Auf die Frage des Novizen: »Was frommte dem Wucherer mehr, die Almosen oder die Bußfertigkeit?«, antwortet Cäsarius: »Hätte er sich nicht bußfertig gezeigt, wären die Almosen eine klägliche Hilfe gewesen.«

So wird der Wucherer des 13. Jahrhunderts – jenseits des Fegefeuers – vom Marsch der christlichen Frömmigkeit ins innerliche Leben mitgenommen. Das Heil eines Wucherers ist manche Mühe wert, und es ist Gottes Ratschluß anheimgestellt, ob Er – durchs Fegefeuer oder nicht – die Wucherer errettet, denn Er allein weiß, sofern sie weder gebeichtet noch zurückgezahlt haben, ob sie ernstlich bußfertig waren oder nicht.

Doch wird Bußfertigkeit nicht durch bloße Lippenbekenntnisse bezeugt. Wenn der Wucherer ein Herz hat, dann muß das Herz sprechen.

Auf die naive aber angebrachte Frage des Novizen, ob denn ein Mensch ohne Augen, die man doch zum Weinen brauche, bußfertig sein könne, antwortet Cäsarius:

> Bußfertigkeit zeigt sich nicht in Tränen, sondern in der Bewegung des Herzens; Tränen sind nur ein Zeichen der Bewegung des Herzens, aber auch das Herz hat seine Tränen.

Und er fügt hinzu:

> Jeder Mensch, Gerechter oder Sünder, der auch nur mit einer Spur von Bußfertigkeit *[in contritione etiam minima]* stirbt, wird Gott schauen.[9]

Welche Rücksichtnahme auf den Wucherer!

Jakob von Vitry schließt seine zweite Predigt über die Wucherer mit einem Lobgesang auf den reuigen Wucherer.

> Nachdem er sich zu Gott bekehrt hat, »ist sein Name gerecht vor Ihm«; wer zuvor Wucherer genannt wurde, wird von Gott reumütig und gerecht genannt werden; wer zuvor grausam hieß, wird barmherzig heißen, die Fuchs und Affe hießen, werden Lamm und Taube heißen, und wen man einen Diener des Teufels nannte, den wird man einen Diener Unseres Herrn Jesus Christus, der ewig lebt, nennen ...[10]

Das Fegefeuer ist nur ein Augenzwinkern von vielen, welches das Christentum im 13. Jahrhundert für den Wucherer bereithält; aber es ist das einzige, das ihm das Paradies ohne Einschränkung verheißt. Das Fegefeuer ist, wie Cäsarius von Heisterbach sagt, eine *Hoffnung,* und zwar nicht nur für den Wucherer, sondern selbst noch für jene junge Nonne, die schwer gesündigt hat. Sie schien der Hölle geweiht, denn Gott hatte sie im Wochenbett an der Frucht der Sünde sterben lassen, die sie durch Unzucht mit einem Mönch empfangen hatte.[11] Für den Wucherer, der bereit war, zuletzt bußfertig zu sein, bedeutete dies die Hoffnung und bald darauf annähernd die Sicherheit, errettet zu werden und zugleich hienieden das Geld *und* droben das Leben, das ewige Leben empfangen zu können. Vom Wucherzins erhoffte sich der Wucherer materiellen, finanziellen Ertrag: »Wenn einer einem anderen etwas ausleiht, kann er für seine Leihgabe einen Zins erwarten *[sperare]*«, schreibt zum Beispiel Thomas von Chobham. Diese irdische Hoffnung schien er einer anderen Hoffnung, der auf das Paradies, vorzuziehen: Hoffnung gegen Hoffnung. Doch die Hoffnung des Fegefeuers führte zu der Hoffnung auf das Paradies. Nach dem mehr oder weniger langen Aufenthalt im Fegefeuer geht man *zwangsläufig* ins Paradies ein. So werden Reichtum und Paradies zu einer doppelten Hoffnung.

Eine Schwalbe macht noch keinen Sommer und ein Wucherer im Fegefeuer noch keinen Kapitalismus. Aber ein ökonomisches System ersetzt ein anderes erst nach einem langen Weg voller Hindernisse jeglicher Art. Die Geschichte, das sind die Menschen. Die Wegbereiter des Kapitalismus, das sind die Wucherer, die Händler der Zukunft, die Handel mit der Zeit treiben; Léon Battista Alberti sollte sie im 15. Jahrhundert mit dem Geld überhaupt gleichsetzen. Diese Menschen sind Christen; und was sie auf der Schwelle zum Kapitalismus zurückhalten kann, das sind nicht die irdischen Konsequenzen der Verurteilung des Wuchers durch die Kirche, sondern die Angst, die bedrückende Angst vor der Hölle. In einer Gesellschaft, in der jedes Bewußtsein religiöses Bewußtsein ist, sind Hindernisse zuerst – oder zuletzt – religiöser Natur. Die Hoffnung, der Hölle zu entkommen, erlaubte es dem Wucherer, Wirtschaft und Gesellschaft des 13. Jahrhunderts auf ihrem Weg zum Kapitalismus voranzutreiben.

Postskriptum

Dieser Essay war bereits geschrieben, als ich von einem Text Kenntnis erhielt, der ihn stützt; ein Auszug aus dem ausgezeichneten Artikel von Elisabeth A. R. Brown, »Royal Salvation and Needs of State in Late Capetian France«, erschienen in: *Order and Innovation in the Middle Ages. Essays in Honor of Joseph R. Strayer,* Hrsg. W. C. Jordan, B. McNab, T. F. Ruiz, Princeton University Press 1976, Nr. 14, S. 542 f.:

> In einem *quodlibet* (universitäre Übung) vom Ende des 13. Jahrhunderts untersucht Renier von Clairmarais die Frage, ob eine Person, deren Testamentsvollstrecker die Verteilung des von ihr hinterlassenen Vermögens hinauszögert, deshalb länger im Fegefeuer bleiben müsse. Wenn der Verstorbene das Vermögen zur Rückzahlung bestimmte, wird diese Verzögerung keinen Einfluß auf die Dauer seines Aufenthalts im Fegefeuer haben, vorausgesetzt, er hat nicht willentlich unverantwortliche Testamentsvollstrecker eingesetzt; wenn er aber verfügt hat, man solle sein Vermögen als Almosen verteilen, damit ihm seine Sünden vergeben werden, wird sich seine Befreiung aus dem Fegefeuer verzögern, obschon sich seine Leiden nicht verschlimmern sollen ...

So findet der Wucherer zuletzt Eingang in universitäre Lehrpläne ...

Anmerkungen

Zwischen Geld und Hölle: Wucher und Wucherer

1 Dt.: Pfandleiher. (A. d. Ü.)
2 Wie es Gautier von Châtillon in seinen goliardischen Poemen Ende des 12. Jahrhunderts anprangert.
3 So wird es in der königlichen Liturgie und auf den von Ludwig dem Heiligen geprägten Goldtalern Christus in den Mund gelegt.
4 Predigt *at status,* Nr. 58, 17.

Geld und Wucher

1 Ezra Pound, *Letzte Texte* (Cantos CX-CXX). Entwürfe und Fragmente; Herausgegeben und ins Deutsche übertragen von Eva Hesse, Zürich, Arche, 1975, S. 49; vgl. Anhang 3.
2 Thomas von Chobham, *Summa confessorum,* 11. Frage, 1. Kapitel; Hg. F. Broomfield, Löwen 1968, S. 504.
3 K. Polanyi und C. Arensberg, *Trade and Market in the Early Empires,* Glencoe 1957, S. 100 f.
4 Der polnischstämmige Ethnologe Bronislaw Malinowski (1884–1942) unternahm zwischen 1914 und 1918 ausgedehnte Forschungsexpeditionen auf die dem heutigen Papua-Neuguinea östlich vorgelagerten Trobriand-Inseln. Seine Ergebnisse faßte er in einer großen Trilogie zusammen, in deren erstem Band er den vor allem magisch-rituellen Ringtausch der Eingeborenen verschiedener Inseln schilderte. Dieser Ringtausch schuf ein komplexes Geflecht von Beziehungen zwi-

schen Bewohnern verschiedener Inseln und Inselgruppen. Vgl. *Argonauts of the Western Pacific,* 1922; dt.: *Argonauten des westlichen Pazifik,* Frankfurt, Syndikat, 1979. (A. d. Ü.)

5 K. Polanyi/C. Arensberg, *a.a.O.,* S. 237.

6 Frz. »mort-gage«; bezeichnet eine (im 12. Jahrhundert praktizierte) Form der Pfandleihe, bei der de jure auf das verliehene Kapital keine Zinsen erhoben werden durften; de facto war der »mort-gage« eine Form des Wuchers, weil der Leihgeber einen Teil der vom Schuldner erwirtschafteten Erträge erhielt. (A. d. Ü.)

7 G. Le Bras, Artikel »Wucher«, in: *Dictionnaire de Théologie catholique,* 1950, XV, Spalte 2356.

8 G. Lefèvre (Hrsg.), *Le Traité »De Usura« de Robert de Courçon,* in: *Travaux et mémoires de l'université de Lille,* Band 10, Nr. 30 (1902), S. 35.

9 Wilhem von Auxerre, *Summa in IV libros sententiarum,* 3. Buch, tr. 26.

10 Vor allem in der *Summa theologica,* Secunda Secundae, quaestio 78; deutsche Übersetzung: Thomas von Aquin, *Summa theologica,* Band 18; übersetzt von Dominikanern und Benediktinern Deutschlands und Österreichs; herausgegeben von der Albertus-Magnus-Akademie Walberberg bei Köln; Heidelberg–München und Graz–Wien–Salzburg 1953, S. 363 ff.

11 Breviarium in ps LIV, *Patrologia latina,* Band XVI, 982.

12 Hesekiel-Kommentar, XVIII, 6, *Patrologia latina,* Band XXV, 117.

13 *Decretum Gratiani,* C. 14, q. 3, c. 4.

14 Thomas von Chobham, *a.a.O.,* S. 504.

15 Wilhem von Auxerre, *a.a.O.,* Buch III, tr. XXVI.

16 Thomas von Chobham, *a.a.O.,* S. 504.

17 A. Lecoy de la Marche, *Anecdotes historiques, légendes et apologues tirés du recueil inédit d'Etienne de Bourbon, dominicain du XIIIe siècle,* Paris 1877, S. 361 f.

18 *Patrologia latina,* Band CLVIII, Spalte 659.

19 *Summa theologica,* Secunda Secundae, quaestio 78; dt. Übersetzung: *a.a.O.,* S. 363 bzw. 365.

20 J. Ibanès, *La Doctrine de l'Eglise et les réalités économique au XIIIe siècle:* l'interêt, les prix et la monnaie, Paris 1967, S. 20 ff.
21 *Summa theologica,* Secunda Secundae, quaestio 78, Artikel 1; dt. Übersetzung: *a.a.O.,* S. 366; vgl. auch J. Ibanès, *a.a.O.,* S. 19.
22 *In Tertium Sententiarum,* dist. XXXVII, dub. VII; vgl. Ibanès, *a.a.O.,* S. 19.
23 Thomas von Chobham, *a.a.O.,* S. 515.
24 Caesarii Heisterbacensis ..., *Dialogus miraculorum,* II, VIII, Hg. J. Strange, 2 Bände, Köln–Bonn–Brüssel 1851, S. 73.
25 *Tabula exemplorum secundum ordinem Alphabeti,* Hg. J. Th. Welter, Paris und Toulouse 1926, S. 83, Nr. 306.
26 Dante, *Die göttliche Komödie,* I. Teil: *Die Hölle,* 11. Gesang, Verse 109–111; dt. Übersetzung von Hermann Gmelin, Stuttgart, Klett 1949 (2. Aufl. 1968).
27 Canto XLV, in: *Usura Cantos XLV und LI.* Texte, Entwürfe und Fragmente, Zürich, Arche, 1985, S. 14–17.

Der Zeitdieb

1 *Orcival,* Petites monographie du Zodiaque, 1963, S. 15.
2 A. Lecoy de la Marche, *a.a.O.,* S. 254.
3 Crane (Hrsg.), *The »Exempla« or Illustrative Stories from the »Sermones vulgares« of Jacques de Vitry,* London 1890, anastatischer Neudruck 1967, S. 72.
4 *Tabula exemplorum, a.a.O.,* S. 83.
5 *Die göttliche Komödie,* I. Teil: *Die Hölle,* 17. Gesang, Vers 54–57.
6 A. Pézard, *Dante sous la pluie de feu,* Paris 1950, S. 101, Anm. 5.
7 H. Wolter und H. Holstein, *Geschichte der ökumenischen Konzilien,* Mainz, Matthias-Grünewald-Verlag, 1963 ff.; Band VI: R. Foreville, *Die Laterankonzilien I, II, III und IV.*

8 Stadt im heutigen Departement Lot, ca. 100 km nördlich von Toulouse; Stadt der Wucherer. (A. d. Ü.)
9 Predigt *ad status,* Nr. 48, *exemplum* 14.
10 A. Lecoy de la Marche, *a.a.O.,* S. 362.
11 Dieser christliche Wucherer wird in Latein, der Sprache der Mehrzahl unserer Quellentexte, *usurarius* oder (mit einem dem klassischen Latein der Antike und dem römischen Recht entlehnten gelehrten Wort) *fenerator,* »der zu Zinsen leiht«, genannt; *fenerator* kommt von *fenus,* »Zins«, was seinerseits mit *fetus,* »Frucht der Fortpflanzung«, verwandt ist. Die Frage ist also, ob die »Frucht« im Falle des *fenus* legitim ist oder nicht.
12 Thomas von Chobham, *a.a.O.,* S. 509.
13 *Ebd.,* S. 505.
14 *Tabula exemplorum, a.a.O.,* S. 139, Nr. 304.
15 Thomas von Chobham, *a.a.O.,* S. 505.
16 Latein 13472, f. 3vb; *Tabula exemplorum, a.a.O.,* S. 139, Nr. 304.
17 Thomas von Chobham, *a.a.O.,* S. 505.
18 G. Lefèvre (Hrsg.), *a.a.O.,* S. 35.
19 Le Bras, *a.a.O.,* Sp. 2351.
20 Thomas von Chobham, *a.a.O.,* S. 505.
21 Cäsarius von Heisterbach, *a.a.O.,* S. 73.
22 Frz. »le mal des ardents«; eine im 12. Jahrhundert mehrfach auftretende (wahrscheinlich virale) Epidemie mit den Symptomen Schüttelfrost, Fieberwahn, heftigen Kopf- und Nierenschmerzen und teilweise tödlichem Ausgang. (A. d. Ü.)
23 Lecoy de la Marche, *a.a.O.,* S. 334 f.
24 *Tabula exemplorum, a.a.O.,* S. 51.
25 Herausgegeben und übersetzt von M. Natalis de Wailly, Paris 1874, § 33, S. 19.

Der Wucherer und der Tod

1 Vgl. Jacques Le Goff, »Métiers licites et métiers illicites dans l'Occident mediéval«, in: *Annales de l'Ecole des hautes études de Gand,* V, S. 41–57; wiederabgedruckt in *Pour un autre Moyen Age,* Paris 1977, S. 91–107. (Nicht in die deutsche Teilausgabe *Für ein anderes Mittelalter,* Frankfurt–Berlin–Wien, Ullstein, 1984, aufgenommen.)

2 Thomas von Chobham, *a.a.O.,* S. 516.

3 Thomas von Aquin, *Summa theologica,* Secunda Secundae, quaestio 78; dt. Übersetzung: *a.a.O.,* S. 368.

4 Thomas von Chobham, *a.a.O.,* S. 510.

5 Cäsarius von Heisterbach, *Dialogus miraculorum,* II, VII; in: Stange, Band I, *a.a.O.,* S. 73.

6 Thomas von Chobham, *a.a.O.,* S. 509.

7 s. o. Kapitel *Der Zeitdieb,* Anm. 8. (A. d. ü.)

8 Dante, *Die göttliche Komödie,* I. Teil: *Die Hölle,* 11. Gesang, Verse 49–51.

9 *Tabula exemplorum, a.a.O.,* S. 83.

10 Crane (Hrsg.), *a.a.O.,* S. 76.

11 Predigt *ad status,* Nr. 59, 15.

12 *Tabula exemplorum, a.a.O.,* S. 82.

13 Predigt *ad status,* Nr. 59, 9.

14 Crane (Hrsg.), *a.a.O.,* S. 73.

15 *Ebd.,* S. 74.

16 Predigt *ad status,* Nr. 59, 17.

17 R. de Roover, *La Pensée économique des scolastiques, doctrines et méthodes,* Paris–Montréal, 1971; ders., *Business, Banking and Economic Thought in Late Medieval and Modern Europe: Selected Studies,* Chicago, 1974.

18 J. T. Noonan, *The Scholastic Analysis of Usury,* Cambridge, Mass., 1957, S. 192.

19 Gobseck, Inkarnation eines habgierigen Wucherers, ist der Titelheld des 1830 erschienenen Romans *Gobseck,* Père Grandet der Vater der Titelheldin des 1833 veröffentlichten Romans *Eugénie Grandet* von Honoré de Balzac. (A. d. Ü.)

20 Predigt *ad status,* Nr. 59, 14.
21 *Tabula exemplorum, a.a.O.,* S. 22 f.
22 Predigt *ad status,* Nr. 59, 15.
23 Lecoy de la Marche, *a.a.O.,* S. 365 f.
24 *Ebd.,* S. 364 f.
25 *Ebd.,* S. 263 f.
26 *Dialogus miraculorum,* II, VII, in: Strange, *a.a.O.,* Band 1, S. 70–72.
27 Lecoy de la Marche, *a.a.O.,* S. 367 f.
28 Hellequin: mittelalterliche mystische Gestalt, die ihre Truppe teuflischer Jäger bei nächtlichen Geisterritten anführt. (A. d. Ü.)
29 Lecoy de la Marche, *a.a.O.,* S. 368.
30 Crane, *a.a.O.,* S. 75.
31 *Tabula exemplorum, a.a.O.,* S. 83.

Geld und Leben: das Fegefeuer

1 »Le crédit et les Juifs dans la France du XIIIe siècle«, in: *Annales. Economie, Société, Civilisation,* 1969, S. 1137.
2 Prudhomme: weiser, erfahrener Mann, der oft zur Schlichtung von Streitigkeiten angerufen wird. (A. d. Ü.)
3 vgl. Jacques Le Goff, *La Naissance du purgatoire,* Paris, Gallimard, 1981; dt.: *Die Geburt des Fegefeuers,* Stuttgart, Klett-Cotta, 1984. (A. d. Ü.)
4 *Dialogus miraculorum,* XII, XXIV, in: Strange, *a.a.O.,* Band 2, S. 335 f.
5 *Ebd.,* XII, XVIII.
6 Lecoy de la Marche, *a.a.O.,* S. 362.
7 Thomas von Chobham, *a.a.O.,* S. 506 f.
8 *Ebd.,* S. 515 f.

»Auch das Herz hat seine Tränen«

1 Lecoy de la Marche, *a.a.O.*, S. 364.
2 *Dialogus miraculorum*, II, VII, in: Strange, *a.a.O.*, Band 1, S. 72.
3 *Ebd.*
4 Lecoy de la Marche, *a.a.O.*, S. 369.
5 *Ebd.*, S. 366 f.
6 *Dialogus miraculorum*, II, VII, in: Strange, *a.a.O.*, Band 1, S. 169.
7 *Ebd.*, II, VII.
8 *Ebd.*, II, XXXI, in: Strange, *a.a.O.*, Band 1, S. 103–105.
9 *Ebd.*, II, XXXIV–XXXV, in: Strange, *a.a.O.*, Band 1, S. 108 f.
10 Predigt *ad status*, 59, 18.
11 *Dialogus miraculorum*, XII, XXVI.

Dante und seine Dichtungen. Gemälde von Domenico di Francesco, genannt Michelino, 15. Jahrhundert. Florenz: Santa Maria dei Fiore. (Archiv für Kunst und Geschichte, Berlin)

Anhang

1. Dante, Die göttliche Komödie, I. Teil: Die Hölle, 17. Gesang, Verse 43–78.

Cosi ancor su per la strema testa
Di quel settimo cerchio tutto solo
Andai ove sedea la gente mesta.

Per gli occhi fuori scoppiava lor duolo;
Di qua, di là soccorrean con le mani
Quando ai vapori, e quando al caldo suolo:

Non altrimenti fan di state i cani
Or col ceffo, or col piè, quando son morsi
O da pulci o da mosche o da tafani.

Poi che nel viso a certi gli occhi porsi,
Nei quali il doloroso fuoco casca,
Non ne conobbi alcun; ma io m'accorsi

Che dal collo a ciascun pendea una tasca
Ch'avea certo colore e certo segno,
E quindi par che il loro occhio si pasca.

E com' io riguardando fra lor vegno,
In una borsa gialla vidi azzurro
Che d'un leone avea faccia e contegno.

Poi, procedendo di mio sguardo il curro,
Vidine un'altra come sangue rossa,
Mostrare un'oca bianca più che burro.

Ed un che d'una scrofa azzurra e grossa
Segnato avea lo suo sacchetto bianco,
Mi disse: »Che fai tu in questa fossa?

Or te ne va; e perchè sei vivo anco,
Sappi che il mio vicin Vitaliano
Sederà qui dal mio sinistro fianco.

Con questi fiorentin son padovano:
Spesse fiate m'intronan gli orechi
Gridando: ›Vegna il cavalier sovrano,

Che recherà la tasca coi tre becchi!‹«
Qui distorse la bocca e di fuor trasse
La lingua come bue che il naso lecchi.

Ed io, temendo no'l più star crucciasse
Lui che di poco star m'avea monito,
Tornaimi indietro dall'anime lasse.

So ging ich noch einmal zum letzten Saume
Von jenem siebten Kreise ganz alleine
Dorthin, wo die betrübten Seelen saßen.

Aus ihren Augen brachen ihre Schmerzen.
Sie kämpften überall mit ihren Händen
Bald mit dem Dampf, bald mit dem heißen Sande.

Nicht anders tun zur Sommerszeit die Hunde,
Die sich mit Schnauze oder Pfote wehren
Vor Flöhen, Mücken oder Bremsenstichen.

Als ich in einige Gesichter blickte,
Auf die das schmerzenvolle Feuer regnet,
Erkennt ich keinen, doch ich konnte sehen,

Ein jeder trug am Halse einen Beutel
Mit eignem Zeichen und mit eigner Farbe,
Und dieser schien ihm eine Augenweide.

Und als ich forschend unter sie getreten,
Da sah ich Blau auf einem gelben Beutel,
Das trug Gesicht und Haltung eines Löwen.

Dann, als ich weiter mit den Blicken schweifte,
Da sah ich einen andern, blutig roten,
Der zeigte eine Gans so weiß wie Butter.

Und einer, der mit einer dicken blauen
Sau seinen weißen Sack bezeichnet hatte,
Der sagte: »Was willst du in diesem Graben?

Scher dich hinweg, und weil du noch am Leben,
So wisse, daß mein Nachbar Vitaliano
Hier sitzen wird zu meiner linken Seite.

Bei Florentinern sitz ich Paduaner,
Und oft betäuben sie mir meine Ohren
Mit dem Geschrei: ›Der größte Herr soll kommen

Und seine Tasche mit drei Schnäbeln bringen!‹«
Dann zog er schief das Maul und streckt' die Zunge
Heraus, wie Ochsen, die die Nase lecken.

Aus Furcht, ich könnte durch Verweilen kränken
Den, der zuvor zur Kürze mich ermahnte,
Kehrt' ich zurück von jenen müden Seelen.

Deutsche Übersetzung von Hermann Gmelin, Stuttgart, Klett, 1949.
Auszug aus der zweiten Auflage von 1968.

2. Ezra Pound, Canto XLV

Bei *Usura*
Bei Usura hat keiner ein Haus von gutem Werkstein
die Quadern wohlbehauen, fugenrecht,
daß die Stirnfläche sich zum Muster gliedert
Bei Usura
hat keiner ein Paradies auf seine Kirchenwand gemalt
harpes et luz
oder die Kunde, die zur Jungfrau kommt
und Strahlenkranz, der vorkragt von der Kerbe
Bei Usura
kommt keinem Mann zu Augen Gonzaga, Kind, Kegel,
Konkubinen,
es ist kein Bild gedacht, zu dauern, noch damit zu leben
sondern nur seinen Schnitt zu machen, rasch seinen Schnitt
zu machen
bei Usura, der Sünde wider die Natur
bleibt dir dein Brot fad alleweg wie Hadern
bleibt dir dein Brot trocken Papier,
kein Weizen vom Bergacker, kein kernig Mehl,
bei Usura wird breit der Pinselstrich
bei Usura verlaufen sich die Ränder
und keiner hat Baugrund für seine Hausung.
Steinmetz gelangt nicht zum Stein
Weber nicht zu seinem Zeugbaum
BEI USURA
kommt Wolle nicht zu Markt
Schaf wirft nichts ab bei Usura
Usura ist die Räude, Usura
macht stumpf die Nadel in der Näherin Hand
legt still der Spinnerin Rocken. Pietro Lombardo
nicht aus Usuras Kraft
Duccio nicht kraft Usura
noch Pier della Francesca; Zuan Bellin' nicht kraft Usura

noch ward kraft ihrer »La Calunnia« gemalt.
Nicht kraft Usura Angelico oder Ambrogio Praedis,
Und keine Kirche von behaunem Stein, gezeichnet: *Adamo me fecit.*
Nicht kraft Usura Saint Trophime
Nicht kraft Usura Saint Hilaire
Usura setzt an den Meißel Rost
Und legt den Handwerkern das Handwerk
Nagt an des Webstuhls Werft
Kein Mensch weiß Gold zu wirken in ihr Muster;
Azur krebskrank an Usura, cramoisi wird nicht bestickt
Smaragd hat keinen Memling
Usura metzt das Kind im Mutterleib
Und wehrt des jungen Mannes Werben
Hat Schlagfluß in das Bett gebracht und liegt
zwischen der jungen Braut und ihrem Mann
CONTRA NATURAM
Man brachte Huren nach Eleusis hin
Und setzte Leichen zum Gelag
Auf Geheiß von Usura.

In: *Usura Cantos XLV und LI.* Texte, Entwürfe und Fragmente, Herausgegeben und ins Deutsche übersetzt von Eva Hesse, Zürich, Arche, 1985.

3. Ezra Pound, Addendum für C

Das Übel heißt Wucher, *Neschek*
die Natter
Neschek, berüchtigter Namen, der Besudler,
jenseits aller Rassen und gegen sie
Besudler
τόκος hic mali medium est
Hier das Kernhaus des Bösen, die sengende Hölle ohne Ablaß
Der Krebsfraß an allen Dingen, Fafnir der Wurm,
Lustseuche am Staat, an allen Königreichen,
Warze auf dem Gemeinwohl,
Gewebswucherung, die alle Dinge befällt.
Eine Düsternis, die verdirbt,
Zwillingsübel der Scheelsucht,
Schlange mit sieben Köpfen, Hydra, die überall eindringt,
über die Schwelle des Tempels kommt, den Hain von Paphos entweiht,
Neschek, das kriechende Übel, Schleim, Fäulniserreger an allen Dingen,
Vergifter des Brunnens, von allen Brunnen, *Neschek,*
Die Natter, Fäule gegen natürlichen Zuwachs,
Gegen das Schöne
τὸ καλόν
formosus nec est nec decens
Eintausend in ihren Bauchfalten tot,
in des Aalfängers Reuse
χαῖρη! Ω Διώνη, χαῖρη
heiteres Licht, zu dir flehen wir
Kristall, zu dir flehen wir
Klarheit, zu dir flehen wir
aus dem Labyrinth.
Sero, sero! Erfuhren, daß Spanien Quecksilber bedeutet
Und Finnland Nickel. Späte Erfahrung!
Sassoon richtet Böses an statt dem Rothschild

»Schade, daß die Dichter stets Symbol und Metapher
benutzen und kein Mensch aus ihnen schlau wurde,
da sie in Gleichnissen sprachen.«
Alle anderen Sünden liegen zutag,
Usura allein bleibt undurchsichtig.
Opium Shanghai, Opium Singapore
»mit der silbernen Spilla ...
Bernstein, gespult, ausgezogen, gedreht ...«
Lotophagoi

[Circa 1941]

In: *Letzte Texte,* Herausgegeben und ins Deutsche übersetzt von Eva Hesse, Zürich, Arche, 1975.

Ich danke Jacques Berlioz, meine Aufmerksamkeit auf diese großartigen Gedichte, die das mittelalterliche Phänomen des Wuchers erhellen, gelenkt zu haben.

Über die ökonomischen Vorstellungen Ezra Pounds informiert die bemerkenswerte Studie *Language, Sexuality and Ideology in Ezra Pound's Cantos* von Jean-Michel Rabaté, MacMillan, Basingtoke und London 1986, Kapitel S., »Poundwise: Towards a General Critique of Economy«, S. 183 ff.

Ich danke Jean-Michel Rabaté, der mir freundlicherweise diese Seiten zur Verfügung stellte, bevor sein Buch in Frankreich erschien.

Bibliographie

1. Texte

1.1 Konzilakten

Leonardi, C. (Hrsg.), *Conciliorum oecumenicorum Decreta,* Bologna–Wien, 1962.

Wolter, H. und H. Holstein, *Geschichte der ökumenischen Konzilien,* Mainz: Matthias-Grünewald-Verlag, 1963 ff.; Band VI: R. Foreville, *Die Laterankonzilien I, II, III und IV;* Band VII: H. Holstein/H. Wolter, *Lyon I und Lyon II;* Band VIII: J. Leclerc, *Vienne.*

1.2 Königliche Erlasse (Frankreich)

Ordonnances des Roys de France, Band I, Hrsg. E. de Laurière, Paris, 1723.

1.3 Handbücher für Beichtväter

Thomas von Chobham, *Summa confessorum,* Hrsg. F. Broomfield, Löwen, 1968.

Raymond de Peñafort, O. P., *Summa de poenitentia,* liv. II, tit. VII, hrsg. von Avignon, 1715, S. 325–348.

Jean de Fribourg, O. P., *Summa confessorum,* liv. II, tit. VII, Hrsg. Jean Petit, Ende 15. Jahrhundert, fol. 84–91.

Astesanus, O. F. M., *Summa,* liv. III, tit. XI.

1.4 Theologische Abhandlungen

Lefèvre, G. (Hrsg.), *Le traité »De usura« de Robert de Courçon,* in: *Travaux et mémoires de l'université de Lille,* Band X, Nr. 30, 1902.

Wilhelm von Auxerre, *Summa in IV Libros sententiarum,* liv. III, tr. XXVI.
Über Thomas von Aquin und den Wucher: J. von Roey, *De justo auctario ex contractu crediti,* Löwen, 1903, S. 154–175.
Gilles de Lessines, *De usuris,* veröffentlicht als *opus LXXIII* der römischen Edition der *Oeuvres* Thomas' von Aquin.

1.5 Dante

Die göttliche Komödie, I. Teil: *Die Hölle,* 17. Gesang, Verse 43–78; deutsche Übersetzung von Hermann Gmelin, Stuttgart, Klett, 1949 (2. Auflage 1968).
Pézard, A., *Dante sous la pluie de feu,* Paris, Vrin, 1950.

1.6 Exempla

Jakob von Vitry, Hrsg. Crane, *The »Exempla« or Illustrative Stories from the »sermones vulgares« of Jacques de Vitry,* London, 1890 (anastatischer Nachdruck 1967); aus den Manuskripten transkribierte *Exempla* von Marie-Claire Gasnault, der ich an dieser Stelle danke.
Cäsarius von Heisterbach: *Caesarii Heisterbacensis ... Dialogus Miraculorum,* Hrsg. J. Strange, 2 Bände, Köln, Bonn, Brüssel, 1851.
Stephan von Bourbon: A. Lecoy de la Marche, *Anecdotes historiques, légendes et apologues tirés du receuil inédit d'Etienne de Bourbon, dominicain du XIIIe siècle,* Paris, 1877; *Exempla,* von Jacques Berlioz transkribiert, dem ich hiermit danke.
La »Tabula exemplorum secundum ordinem Alphabeti«, eine Ende des 13. Jahrhundert in Frankreich zusammengetragenen Sammlung von *Exempla,* Hrsg. J. Th. Welter, Paris und Toulouse, 1926.
Bremond, Cl., J. Le Goff, J. Cl. Schmitt, *L'»exemplum«* (Typologie des Sources du Moyen Age occidental, fasc. 40), Turnhout, 1982.
Schmitt, J. Cl., *Prêcher d'exemples, Récit de prédicateurs du Moyen Age* (présenté par), Paris, Stock, 1985.

2. Moderne Arbeiten über Wucher und Wucherer

Baldwin, J. W., *The Medieval Theories of the Just Price. Romanists, canonists and Theologians in the XIIth and XIIIth centuries. Transactions of the American Philosophical Society,* N. S., vol. 49, Philadelphia, 1959.

Capitani, O., Il »De peccato usure« die Remigio de' Girolami, in: *Per la storia della cultura in Italia nel Duecento e primo Trecento.* Omaggio a Dante nel VII Centario della Nuscita, Spoleto, 1965 (Sondernummer der *Studi medivali,* ser. 3, a. VI, fasc. II, 1965), S. 537–662.

Capitani, O. (Hrsg.), *L'Etica economica medievale,* Bologna, 1974.

Helmholz, R. H., »Usury and the Medieval English Church Courts«, in: *Speculum,* Band 61, Nr. 2, April 1986, S. 364–380.

Ibanès, J., *La Doctrine de l'Eglise et les réalités économiques au XIIIe siècle: l'interêt, les prix et la monnaie,* Paris, 1967.

Kirschner, J., und K. Lo Prete, »Peter John Olivi's Treatises on Contracts of Sale, Usury and Restitution: Minorite Economics or Minor Works?«, in: *Quaderni fiorentini,* 13, 1984, S. 233–286.

Le Bras, G., Artikel »Usure« in: *Dictionnaire de Théologie catholique,* XV, 1950, Spalte 2336–2372.

Le Goff, J., *Marchands et banquiers du Moyen Age,* Paris, 1956, 6. Auflage 1980.

Le Goff, J., »The Usurer and Purgatory«, in: *The Dawn of Modern Banking,* Center for Medieval and Renaissance Studies, University of California, Los Angeles, 1979, S. 25–52.

Le Goff, J., »Usure et à peu près«, in: *Mélanges offerts à Georges Guilbaud* (im Druck).

Luzzatto, G., »Tasso d'interesse e usura a Venezia nei secoli XIII–XV«, in: *Miscelanea in onore di Roberto Cessi,* I, Rom, 1958, S. 191–202.

McLaughlin, T. P., »The Teaching of the Canonists on Usury (XII, XIII und XIV c.)«, in: *Medieval Studies,* Band 1, 1939, S. 82–107 und Band 2, 1940, S. 1–22.

Nahon, G., »Le crédit et les Juifs dans la France du XIIIe siècle«, in: *Annales E.S.C.,* 1969, S. 1121–1148.

Nelson, B. N., *The Idea of Usury: From Tribal Brotherhood to Universal Otherhood,* Princeton, 1949; 2. Auflage, Chicago, 1969.

Nelson, B. N., »The Usurer and the Merchant Price: Italian Businessmen and the Ecclesiastical Law of Restitution 1100–1500«, in: *Journal of Economic History,* Supplement 7 (1947), S. 104–122.

Noonan, J. T., *The Scholastic Analysis of Usury,* Cambridge, Mass., 1975.

de Roover, R., *La Pensée économique des scolastiques, doctrines et méthodes,* Paris – Montréal, 1971.

Salvioli, G., »La dottrina dell' usura secondo i canonisti e i civilisti italiani dei secoli XII e XIV«, in: *Studi Fedda,* 3, 1906, S. 259–278.

Sapori, A., »L'interesse del danaro a Firenze nel Trecento«, in: *Archivo Storico Italiano,* 1928, S. 161–186.

Sapori, A., »L'usura nel Dugento a Pistoia«, in: *Studi mediœvali,* 1929, S. 208–216.

Schilperoort, G., *Le commerçant dans la littérature française du Moyen Age,* 1933.

Schnapper, B., »La répression de l'usure et l'évolution économique«, in: *Tijdschrift voor Rechtsgeschiedenis,* 37, 1969, S. 53–57.

3. Arbeiten, die über Wucher und Wucherer im Mittelalter informieren können

Ariès, Ph., »Richesse et pauvreté devant la mort«, in: *Etudes sur l'histoire de la pauvreté (Moyen Age-XVIe siècle),* 2 Bände, Hrsg. M. Mollat, Paris 1974, Band 2, S. 519–533.

Baldwin, J. W., *Masters, Princes and Merchants: The Social Views of Peter the Chanter and His Circle,* 2 Bände, Princeton, 1970.

Beriou, N., »Autour de Latran IV (1215): la naissance de la confession moderne et sa diffusion«, in: Groupe de la Bussière, *Pratiques de la confession,* Paris, édition du Cerf, 1983, S. 73–93.

Chenu, M. D., *L'Eveil de la conscience dans la civilisation médiéval,* Montréal–Paris, 1969.

Gilchrist, J., *The Church and Economic Activity in the Middle Ages,* New York, 1969.

Le Goff, J., *Les Intellectuels au Moyen Age,* Paris, 1957; Neuauflage 1985; dt.: *Die Intellektuellen im Mittelalter,* Stuttgart, Klett-Cotta, 1986.

Le Goff, J., »Métiers licites et métiers illicites dans l'Occident médiéval«, in: *Annales de l'Ecole des Hautes Etudes de Gand,* V, 41–57; wiederabgedruckt in: *Pour un autre Moyen Age,* Paris, 1977, S. 91–107; nicht in der deutschen Teilausgabe: *Für ein anderes Mittelalter,* Frankfurt–Berlin–New York, Ullstein, 1984, enthalten.

Le Goff, J., *La naissance du purgatoire,* Paris, 1981; dt.: *Die Geburt des Fegefeuers,* Stuttgart, Klett-Cotta, 1984.

Little, L. K., »Pride goes before Avance: Social Change and the Vices in Latin Christendons«, in: *American Historical Review,* LXXVI, 1971.

Little, L. K., *Religious Poverty and the Profit Economy in Medieval Europe,* London, 1978.

Lopez, R. S., *La Révolution commerciale dans l'Europe médiévale,* französische Übersetzung, Paris, 1974.

Murray, A., *Reason and Society in the Middle Ages,* Oxford, 1978.

Parkes, J. W., *The Jew in the Medieval Community: a Study of his Political and Economic Situation,* London, 1938.

Pirenne, H., *Histoire économique et social du Moyen Age,* Neuauflage Paris, 1969; dt.: *Sozial- und Wirtschaftsgeschichte Europas im Mittelalter,* Bern, Francke, ohne Jahr.

Polanyi, K., und C. Arensberg, *Trade Market in the Early Empires,* Glencoe, 1957.

de Roover, R., *Business, Banking and Economic Thought in Late Medieval and Modern Europe: Selected Studies,* Hrsg. J. Kirschner, Chicago, 1974.

Tractenberg, J., *The Devil and the Jews: The Medieval Conception of the Jew and its relations to Modern Antisemitism,* New Haven, 1943.

AZ IN 246

Aus dem Französischen übersetzt von Ariane Forkel
1984. 458 Seiten, Linson
ISBN 3-608-93008-6

»Das Buch bietet eine weit ausgreifende, überaus gehaltvolle, glänzend geschriebene Entwicklungsgeschichte der religiösen Anschauungen und theologischen Lehren vom Fegefeuer im Rahmen christlicher Eschatologie, von ihren Voraussetzungen in antiken Jenseitsvorstellungen bis zur Ausbildung einer Fegefeuertheorie durch die Schultheologie des 13. Jh., ihrer Rezeption in der allgemeinen Frömmigkeit und ihrer Vollendung im Purgatorio Dantes.« (Das Historisch-Politische Buch)

Aus dem Französischen übersetzt von Christiane Kayser
2. Aufl. 1987. 216 Seiten, Linson, ISBN 3-608-93094-9

Die Geistesgeschichte hat die Entstehung der Neuzeit schon immer mit den großen Gelehrten des Mittelalters verknüpft. Doch wie waren die sozialen und wirtschaftlichen Bedingungen, die diesen neuen Gelehrtentypus entstehen ließen? Wie das Wechselspiel aller gesellschaftlichen Kräfte, das zur ungeahnten Blüte der Renaissance und damit zur Geburt der Neuzeit führte?

»Ein gescheites, sehr ›französisches‹, informatives, lesenswertes Buch.« (Literaturreport)

Klett-Cotta